ムラブリ

文字も暦も持たない狩猟採集民から言語学者が教わったこと

伊藤雄馬

集英社インターナショナル

本書に登場するムラブリの主な居住地

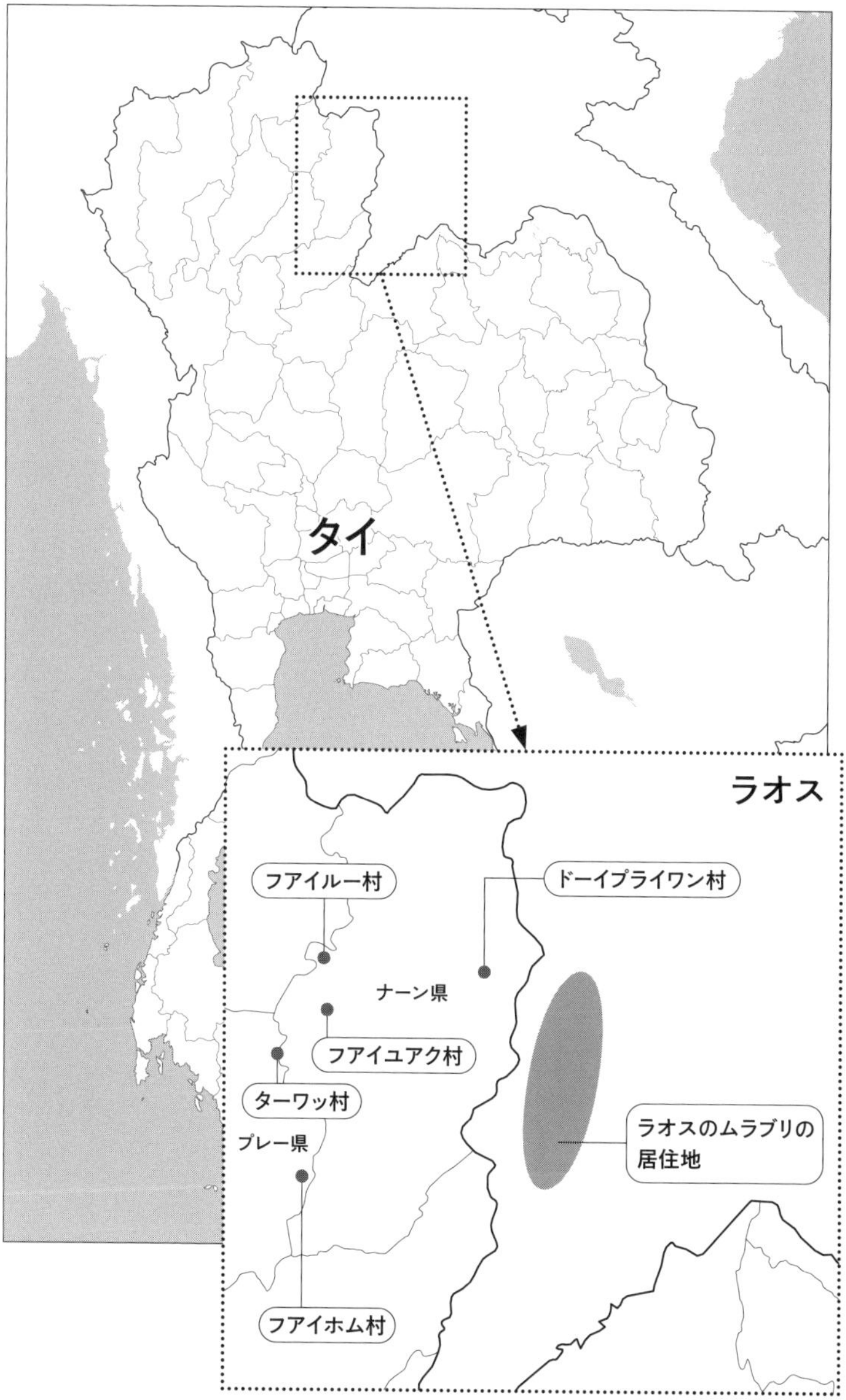

ムラブリ語の頻出表現リスト

アウッユクレェ ʔa=ʔɤʔ juk lɛh	ごはん食べた?	ムラブリ語にはあいさつのことばがなく、これをあいさつ代わりに言う。朝によく使われる。食べたら「アウッ」、食べてなかったら「フラック」と返すが、正確に答える必要はない。
ジャカレーン ɟak kalɛŋ	どこ行くの?	あいさつの代わり。日中によく使われる。正確に答える必要はなく、「ジャクルマープ(畑に行く)」と言えばよい。
メェ ンガーム mɛh ŋam	聞きなさい	なにか重要なことを言うときの前フリ。民話の語りは必ずこのセリフからはじまる。この後に下らないことを言うとウケる。
イオーイ ʔiʔoj	わからない	質問に対する答えのまくら言葉。多くのことはわからず、曖昧なままにされる。明日の予定を尋ねても、これで返される。
キサック ki=sak	なんてことない	感謝されそうな場面で言う。「どういたしまして」と使う場面は近いが、直訳は「体がない」で、感謝を無効化している印象。ちなみに「ありがとう」もない。
ニャム ドック ɲam dɔk	しかたない	「ごめんなさい」のないムラブリ語にあっては、ほとんどの問題は「しかたない」こと。直訳は「季節を置く」。時が解決するのを待つということだろうか。
タン ングン tʌɲ ŋɤn	冗談だよ	冗談を言ったら、言った人はすぐ「冗談だよ」と付け加える。そうしないと、本気だと思われる。ツッコミ役はいない。
クロル クン klol khɯn	心が上がる	ネガティブな感情を表す。他民族に騙されたとき、穢れたものを見たときの気持ち。
クロル ジュール klol ɟur	心が下がる	ポジティブな感情を表す。子どもたちが遊んでいるとき、木がたくさんあるときの気持ち。
グルア ヒク シェ gruɤ hik sɛh	物がとても多い	グルアは「もの」一般を表すとともに、「衣類」も意味する。筆者のよく言われるセリフ。
カラム ドゥ モイ kalam du mɔj	そいつ次第だ	意見の対立があっても、議論しない。「人は人」として、距離をとることが普通だ。

※発音はIPA(国際音声記号)で表記

はじめに

ムラブリは、タイやラオスの山岳地帯に住む少数民族だ。この地域にはほかにもたくさんの少数民族がいて、ほとんどは山間の傾斜地で焼畑農耕をして暮らしている。繊細な銀細工や極彩色の衣装に身を包むさまざまな民族集団がモザイク状に点在しており、質素ながら生命力に満ちているところだ。そのなかで、裸足で森と共に生きる人々がいる。それがムラブリだ。

ムラは「人」、ブリは「森」。だから、ムラブリは「森の人」という意味になる。彼らは森の中の植物や芋類を採って食べたり、動物を狩ったり、魚を捕ったりして生活する、狩猟採集民だ。服はふんどし。畑仕事はしない。農耕をすると「大地が裂ける」と、彼らの間では信じられているからだ。定住もしない。森の中で竹とバナナの葉っぱなどを使った風よけをつくって寝泊まりする。人が近づいてきたり、周辺の資源が減ってきたり、気分が変わったりすると、移動して寝床を変える。いわゆる「ノマド（遊動）」の民だ。

現在はタイ側で定住化が進んでいるものの、森と深く関わりながら生きるムラブリ。彼らはわずか５００名前後の集団だと考えられており、彼らの話すムラブリ語は消滅の危機に瀕する「危機言語」に指定されている。他の多くの危機言語と同様、ムラブリ語はおそらく今世紀中には消えてしまうだろう。

ぼくはそんなムラブリ語を大学生のころからいまに至るまで、約15年にわたって研究してきた、世界で唯一のムラブリ語研究者だ。ムラブリ語には文字がないので、調査は彼らの住む場所に赴いておこなう。「フィールド言語学」と呼ばれる手法だ。

ムラブリ語が文字を持たないことに驚かれるかもしれないが、じつは無文字言語はそこまで珍しいわけではない。現在世界で話されている言語は6000〜7000といわれており、一例として言語データベースであるEthnologue（エスノローグ）には、2022年現在7151の言語が登録されている。そのうち文字のない言語は、2982あると推定されている。つまり、約42％の言語は文字を持たないことになる。

日本のような文字が当然のように存在する環境で暮らしていると想像できないかもしれないが、無文字の社会というのは現代にもたしかに存在するのだ。ムラブリの社会もそのひとつだ。

また、彼らは文字だけでなく、暦も持たない。スケジュールや時間割に縛られることなく日々を暮らしている。「明日、調査を手伝ってくれない？」とぼくが尋ねても、たいていは「イオーイ（わからない）」と返される。明日のことは明日の自分が決めるからだ。言い争いもしない。そもそもお互いに意見を言い合うことがなく、もしなにか意見を伝える場面になったとしても「わたしは本当に怒っていないんだよ、本当だよ」などの口上を必ず、しかも何回も伝える。だから言い争いに発展しようがない。

そんなムラブリ社会に身を置きながら、ぼくはムラブリ語を長年調査してきた。いまでは母語である日本語の次にムラブリ語を流暢に話せるようにもなった。

じつは、ムラブリ語を話せるようになるということは、ムラブリの身体性を獲得するということでもある。日本語では温和なのに、英語を話すときだけ大胆になる人は、みなさんの周りにもいるのではないだろうか。異なる身体性には、異なる人格が宿るのだ。

ぼくはムラブリ語を学ぶことで、自分のなかのムラブリをコツコツ育てていたようで、日本に帰ってからの生活もムラブリ流に染められてしまった。そして、日本社会から少しずつはみ出しつつある。

たとえば、物を持たなくなった。服は基本的に外着と寝巻きを1着ずつ、下着のふんどしを2枚持ち、毎日簡単に洗って着回している。夏服も冬服もない。寒かったら暖かい地域に移動する。暑かったら脱げばいい。靴下が苦手になったため靴がはけなくなり、代わりに雪駄や下駄を年中はくようになった。だから、一年中ほとんど外見が変わらない。

日用品はリュックに収まる量しか持たない。爪切りと歯ブラシと手拭いがあれば生活できるとわかった。食事の量も減り、自炊も増え、ご飯を炊く飯盒《はんごう》とアルコールランプも持ち運ぶようになった。

このように、ぼくの生活はシンプルになり、風通しのよいものになった。ぼくはこの生き方が気に入っている。

一方で、社会生活が難しくなったのも事実だ。いままでふつうだと思っていたことが、なんだか煩《わずら》わしく感じるようになっていったのだ。「なぜ家を買うのか?」「お金ってなんなのか?」「人間関係ってなに?」など、いままでとくに気にもしなかった「常識」が、目の前で崩れていく経験を何度もした。その結果、せっかく採用された大学教員を2年で辞めてしまった。その変化と社会との乖離はいまもなお継続中だ。

この本では、ムラブリたちの言語や暮らしや考え方と、それらに触れてぼくが考えたこと、そしてどのようにぼくが変わってきたかを語りたい。

この本は論文ではない。しかし、紛れもなくぼくの研究成果だ。より正確に言うと、ぼく自身の在り方自体が研究成果であり、この本はその在り方の一部だ。

ぼくは、ぼく自身の在り方やその変化を、ぼくのムラブリ語研究のもっとも重要な研究成果のひとつとして認めたいと感じ、またそれをみなさんに届けたいと願っている。大学教員を辞め、アカデミックの世界から距離をとったのは、研究者の在り方そのものを研究成果とすることに挑戦するためだと、いまのぼくは捉えている。

ぼくはぼくの興味にしたがって、縁がありムラブリと出会い、ムラブリ語を研究し、ムラブリ語を学んでいる。「ニッチな研究ですね」「なんの役に立つんですか？（なんの役にも立ちませんよね？）」という問いを幾度となく受けてきた。これまでのぼくは、ほとんどの場合、苦笑いで半分同意のような返答をしていたように思う。けれど、いまは素朴に、「あなたを含む世界のために、ムラブリ語をやってきたんです」と答えることができる。「ぼくがその成果です」と。

そんな研究報告を、どうか楽しんでもらいたい。

第4章 ムラブリの生き方

第5章　映画がつなぐムラブリ、言語がつなぐ人間

第6章 ムラブリの身体性を持った日本人

ブックデザイン 山田和寛＋佐々木英子（nipponia）
イラストレーション 黒崎威一郎

第1章　就活から逃走した学生、「森の人」に出会う

2016年3月19日　午前6時

寒くて目が覚める。目を擦ると顔が冷え切っているのを感じる。外はまだ暗いが鶏の声がうるさい。息が白いのを確認して、寒がりなぼくはがっかりしつつ、寝袋ごと寝返りを打つ。竹でできた高床がたわんだ。大学時代に陸上部で着ていたウインドブレーカーと安物の寝袋が擦れる音がやけに耳に響く。

昨晩は寒くて水浴びをサボったので、足はホコリまみれで泥まみれだけど、慣れてしまえば寝心地は悪くない。街で洗濯してもらった、柔軟剤の匂いが残るタオルと、タパー（「タ」はムラブリ語でおじさんの意味。名前の前につけて呼ぶ。だからタパーは「パーおじさん」となる。ちなみにおばさんは「ヤ」だ）にもらった毛布を引き寄せ、二度寝することにした。鶏の声でその試みは失敗するが、寒くて外に出る気にもならない。寝袋の中でぼんやりしていると、ムラブリの声が聞こえてくる。裏声に語尾を伸ばすような声。朝のあいまいな空気に吸い込まれていくかのようなムラブリ語の響きを聴いて、ああ、ムラブリの村に来ているんだな、とあらためて思い出す。煙の匂い。ムラブリは、朝起きたら、まずは焚き火を起こす。そのにおいを嗅ぐと、少し起きられる気がしてきた。隣の家が焚き火をはじめたのだ。それを察知して、思い切って寝袋を抜け、クタクタのビーチサンダルをはき、竹でできた戸を開いて外に出る。30m先に、ムラブリの初老の男性が腰のうしろで手を組み、前屈みに坂道をゆったりとだが軽快に歩いているのが見えた。村長のタシーだ。目が合って、ぼくからタシーに挨拶をする。

「アウッユクレェ（ごはん食べた？）」

「フラーック（いんや）」

それだけの挨拶を交わし、隣の家へ焚き火にあたりにいく。やはりすでに火が起こされていて、煤で真っ黒になったやかんが火にくべられている。お湯を沸かしているようだ。火を見守る役の男の子が、地面にお尻がつくくらい深くしゃがみ、足の間に両腕を入れて、静かに火を見つめている。2人でしばらく火を見つめていると、彼がぼくに尋ねた。

「エック　フンケッ　レェ（薪いる？）」

「シー（うん）」

彼から火のついた薪をもらって、家に戻る。その薪にとうもろこしの芯をくべて火を大きくする。この時期は山の斜面を畑にしてつくったとうもろこしの脱穀作業がある。大量に出るこの芯は貴重な燃料だ。ただ、火がつきやすい分すぐ燃え尽きる。芯をくべたり、薪の位置を調整したり、焚き火と格闘していると、大きなエンジン音が聞こえる。隣の村から来た大型トラックが村の坂道を上ってくる音だ。エンジン音が落ち着くと、隣の村に住むフモン（ムラブリと関係の深い農耕民）のおばさんの声が村中に響き渡る。

「今日は誰がいける――――!?」

働き手を募る声だ。村の希望者を乗せて向かう先には、形も大きさも象のような機械がある。トウモロコシを脱穀するための機械だ。そこに集まり、みんなで作業をする。ムラブリは基本的に、その日に働きたい人が行き、働きたくない人は行かない。その日その場で誰が行くのか決まっていく。

そのやりとりを聞きながら、鍋を焚き火にかけてお湯を沸かし、コーヒーを飲む。街で買ってきた粉末の「スリーインワン」。コーヒーと砂糖とミルクが全部入ったものだ。赤と緑がある。赤も緑も濃くて甘いコーヒーで、味に大きな違いはない。ムラブリはよくこのコーヒーを飲む。ムラブリの家にお邪魔して「どっちの色？」と聞かれたら、それはコーヒーのことだ。ぼくは赤派。コーヒーの淹れ方にも流儀があり、彼らが言うには粉より先にお湯をコップに入れるといいらしい。お湯を入れた後にコーヒーの粉を入れ、空き袋を折り畳んでマドラー代わりにして混ぜて、飲む。確かに粉を入れてお湯を注ぐより、美味しく感じる。即席マドラーは、用が済めば焚き火で燃やす。

コーヒーを飲んでから、今日はなにをしようかな、と考えながら村をぶらぶら歩く。早朝は霧が濃い。歩いたら肌に水分が当たる感触があって、ウインドブレーカーがびしょびしょになる。地面は粘土質だから、湿気があると滑りやすい。こけないように、みんなゆっくり歩く。ついでにタオルを持って顔を洗いに行く。水場は村に3カ所ある。どれも頻繁に水が止まってしまう。

ムラブリとすれ違うときは、顎を上げてお互いに合図する。または、簡単なあいさつをする。

「アウッユクレェ（ごはん食べた?）」

「シュアイ　ブーク　レェ?（顔洗いに行くの?）」

女性たちが村で唯一舗装された坂道に並んで、しらみ取りをしている。ジロジロ見ると恥ずかしそうにするのであまり見ない。子どもたちは幼稚園に向かっている。タイ人の先生の声がよく響く。今日はほとんどの大人が脱穀作業に出かけたようなので、データの整理でもしようか。

消去法で選んだ言語学

「言語学者です」と名乗ると、「昔から語学がお好きだったんでしょうね」などとよく言われる。ムラブリの人々にも「ムラブリ語を勉強するくらいだから、他にもたくさん言語を話せるんだろう」と思われている節がある。正直に言えば、全然そんなことはない。

昔から語学が好きだったわけではなく、むしろ苦手な方だった。漢字は覚えられないし、古文には慣染まないし、英語もほとんど赤点だった。そんな自分が、いかに言語、とくにムラブリ語に興味を持って、15年以上にもおよんで研究しているのか、はじめにちょっと説明させていただきたい。

ぼくは、とにかく怠けた生徒だった。高校の授業はほとんど寝ていて、当時を思い出そうにも、とにかく毎日眠かったことばかり思い出される。文系だったが、選んだ理由は楽そうだから。むしろ、数学や生物の方が好きだった。

とくに生物の授業はお気に入りだった。生物の授業は、人間を特別扱いしない感じがよい。いろいろな生き物の生態や臓器の機能を見ながら、「ヒトもだいたい同じなんだろうな」とか考えたりするのが好きだった。なかでもとくに、「走性」という考え方が好きだった。走性という概念は、生き物が生まれながらに持つ移動に関する習性のひとつで、ある刺激に対して近づいていくか離れていくか、その方向を示している。近づく習性を「正の走性」、離れるのを「負の走性」と呼ぶらしい。たとえば、蛾は光に向かって羽ばたいて移動するので、「正の走〝光〟性」を持つと言える。一方でミミズは光のない所を目指すから、「負の走〝光〟性」を持つ。「光」の他にも、「熱」や「地（重力）」、「塩酸」なんていうのもあるらしい。

ヒトも走性を持つようだ。知らない街の慣れない道をドライブしていると、自然とコンビニに吸い寄せられる。「正の走〝コンビニ〟性」だ。海外から帰ってきて街に降り立つと、看板が見えた瞬間に牛丼チェーン店に吸い寄せられるのも、ぼくは「正の走〝牛丼〟性」として実感している。また、小学生のころにはレンタルビデオ屋さんでカーテンのかかったピンク色のエリアにとらわれて、両親に見つかるまでグルグルしていた。そんなぼくの例を持ち出すまでもなく、「正の走〝エロ〟性」は多くの人にとって自明だろう（そうでない人もいっぱいいるのは知ってますよ）。

このように、ヒトの世にはさまざまな「正の走性」が見出される一方で、ぼくの人生を振り返ると、「負の走性」が優位だったことに気づく。嫌なことをしたくない。面倒なことから遠ざかりたい。なんとなくそっちには行きたくない。言うなれば「負の走〝嫌《けん》〟性」に導かれることで、ぼくは生き延びてきた。

じつは、大学で言語学を学ぼうと決めたのも「負の走〝嫌〟性」に従った結果だ。高校時代、まったく勉強をしてこなかったぼくは、大学で他の人と「せーのっ」で同時にはじめられる学問を求めていた。高校でもう学んでいる科目だと、怠け者のぼくはハンデを背負っていることになるからだ。不利な戦いは嫌だった。それから、専門をひとつに絞るのも、なんとなく気に入らなかった。自分は気まぐれで、好奇心に一貫性がない。ぼくは漫画が好きでよく読んでいたのだけれど、先月までは好きだった作品を、急にパタンと読まなくなることがよくあった。自分の好き嫌いがあてにならないのをよく知っていた。だから、学問でも同じだろうと考えたのだ。職人の世界みたいに、その道一筋！　という世界は憧れこそすれ、ぼくの住む世界ではないという直感があった。けれど、大学進学に際しては、必ず専門を選ばなければならないらしい。それなら、どんな道にも転びうる道がいい。ハンデ戦でなく、すべてに通ずる道。それを考慮した結果、たどり着いたのが「言語学」だった。

言語学は高校では習わない。英語や国語、古典なんかは履修するけれど、大学情報を見る限り、言語学はそういう科目とは違うみたいだと思った。試しに図書館で言語学に関する本を手に取ってみたら、予想どおり知らない単語のオンパレードだった。これなら入学前に差をつけられていることはあるまい。ぼくはそう判断した。また、人のするおおよそすべてのことが言語に関わるのも自明だ。人が考えるとき、学ぶとき、表現するとき、必ず言語が関わってくる。これはあとで知ったことだけれど、言語学は関連領域が多い学問だ。社会言語学、心理言語学、生物言語学なんてのもある。だから、このときのぼくの直感は正しかった。そういうわけで、ぼくは大学では言語学を学ぶことに決めた。高校3年の夏、部活を引退した頃だった。

逃走としての進学

そのとき、図書館で手に取った本は『日本語語用論のしくみ』という本だった。この本は「日常の会話をよくみてみると不思議だ」という着眼点からストーリーがはじまる。たとえば、車を運転しながら、交差点を前にして「この交差点、右折できたっけ」と言ったりするが、まだ曲がってもいない交差点を前にしてなぜ「右折できた」と「タ形」を使うのか？　「タ形」って過去じゃないの？　そういった、日常で見過ごしている言語現象を、「語用論」というナイフで鮮やかに捌《さば》いて見せてくれる。この本を書いた先生から言語学を学んでみたい！　そう思って調べると、富山大学の助教授らしかった。加藤重広先生という方だ。ぼくは島根県にいたけれど、「誰も知り合いがいない場所に引っ越すのもおもしろそうだな」と思って、富山大学を選んだ。まぁ、本当は第一志望に落ちたりして、後期で受かった大学なのだけれど。

富山では学生寮に住んだ。当時、昔ながらの学生自治の風土が残っていたのは、京都大学と富山大学だけだったらしい。部屋は狭く、先輩と相部屋で、家賃も安かった。たしかひと月数百円だった気がする。入学式の前日には「新入生粉砕コンパ」なるものがあった。食堂に並ばされた新入生のわれわれは、富山の銘酒「立山《たてやま》」を一気飲みして、文字どおり粉砕し、翌日の入学式に千鳥足で向かうことになった。前時代的だが、なんだか書き残しておかなければならない使命感にいま駆られて書いている。入学式は二日酔いで気分は最悪だったにもかかわらず、立山連峰の眺めがこの世のものとは思えないくらい壮麗で、島根から遠くに来たことを実感した。

さて、そんな感じではじまった大学生活だったのだが、ぼくが入学した2005年、なんとお目当ての加藤先生は北海道大学に異動されてしまった後だった。なんてこった。なんだか気が抜けてしまった。仕方がないので、麻雀とバイトと部活（陸上部）を中心に生活が回る、昭和的な大学生になった。それ以外の時間は、大学の近くの山を散歩したり、図書館で雑多に本を借りて読んだりしていた。大学の講義は、思ったほどおもしろくなくて、あまり行かなかった。一度、授業アンケートで「おもしろくなかったです」と正直に書いたことがある。じつは、それが学部長の授業で、後日わざわざ呼び止められて、「ああいうことは書くものではない」と怒られた。こういう大人にはならないぞ、と思ったのをよく覚えている。

それでも、言語学の講義は嫌いではなく、とくにゼミの指導教官である呉人恵《くれびとめぐみ》先生のコリャーク語の講義は楽しかった。呉人先生はモンゴル語やロシアで話される文字のないコリャーク語を現地で調査されているフィールドワーカーで、調査の話を聞くのが毎度楽しみだった。たくさん調査しようとして嫌がられた話、調査の合間にベリー狩りに行った話、民話を残すために絵本をつくった話など、どれもぼくの知っている世界を超えていて、そんな話をする先生が自由に見えた。

そんな風に怠けた学生生活を送るうちに、いつの間にか大学3年生になり、部活も引退し、就職活動がはじまった。そこでまた「負の走〝嫌〟性」が顔を出した。自分が就職して、毎朝通勤している姿が、まったく想像できないのだ。周りの同級生が髪を黒く染め、ピアスを外し、リクルートスーツに身を包みながら、説明会に足を運ぶなか、ぼくはその流れに続くことができなかった。徹夜で麻雀をして、翌朝は目覚まし代わりに爆音でB'zを流すも起きれなかったり、ウイスキーを謎の金色のカップ（聖杯と呼ばれていた）に注ぎ、じゃんけんで負けた人が一気飲みをする「じゃんけん」というシンプル過ぎる名づけのゲームで盛り上がっては撃沈する……そんなバカをしていた友人たちが、ある時期を境に就職活動の話しかしなくなってしまったのだ。ぼくはけっこう本気で混乱した。明らかにぼくの「負の走〝嫌〟性」は、みんなが向いている方向を嫌がっていた。

仕方なく、ぼくは大学院への進学を決めた。就職は、やはりできる気がしない。大学院に行けば、少し時間が稼げると思った。モラトリアムを延長するのだ。問題は、研究テーマ。大学院に行こうとしているが、研究テーマがない。変な話だ。けれど、ぼくには考えがあった。呉人先生だ。呉人先生は文字のないコリャーク語を現地で研究している。あのスタイルなら、ぼくにもできそうだと考えた。ちなみに「できそう」というのは能力的なことではなく、ぼくの「負の走〝嫌〟性」に抵触しない、という意味だ。呉人先生は講義でよく言っていた。

「世界には誰にも知られずに消えていく言語がたくさんある」

そんなにたくさんあるのであれば、ぼくに会いたがっている言語もあるかもしれない。ぼくは「負の走〝嫌〟性」にしたがって、世界中で話される言語から、会いに行く言語を探すことになった。

ムラブリ語との出会い

「はじめに」でも書いたが、現在世界で話されている言語は6000とか7000と言われている。数字の数が違うのは、言語の数え方が難しいからだ。「方言」か「言語」かは、言語学だけによって決められるわけではなく、話している人の意識や、政治にも関係する。ある人は「言語とは陸海軍を持つ方言だ（A language is a dialect with an army and a navy.)」と言ったそうだ。言語と方言の区別も、政治次第というわけだ。言語の数なんて、数える人によって異なってしまうくらい、曖昧なものなのだ。

そのなかで、話されなくなっていく言語も世界中にはたくさんある。消滅の危機に瀕する言語、「危機言語」と呼ばれるものだ。言語が消滅するとは、その言語を話す人が1人もいない、ということだ。最後の話者が亡くなれば、その言語は「死語」となる。これまでもたくさんの言語が死語となってきた。たとえば、シュメール語。世界史で学ぶ、楔形《くさびがた》文字の言語だ。この言語は、もう話す人がいないから死語だ。けれど、ぼくらはシュメール語がかつて話されていたことがわかる。なぜか？ それは文字があるからだ。文字資料が残っているから、シュメール語が話されなくなったあとでもシュメール語という言語が存在していたことがわかるのだ。

しかし、必ずしもすべての言語が文字を持っているわけではない。文字に記されることなく消えていった言語もたくさんあるはずだ。むしろ、そういった言語の方が多いのだろう。ちなみに、現代では言語が消える速度が早くなっていると言われている。21世紀中には9割の言語が消えるだろう、と予想する言語学者もいるほどだ。日本語だっていつかは消えるかもしれないのだ。

そんな状況で言語学者は、消える前に残しておこう、と危機言語の調査を積極的におこなっている。呉人先生もその1人だ。文字がないから、現地に行くしか調べる方法がないのだ。このように現地に行って調査する言語学を、「フィールド言語学」と呼ぶ。ちなみに、日本にはフィールド言語学者が比較的多いらしい。国際学会に行くと、「日本人はフィールド調査に行っててえらいね」と外国の研究者から言われることがたまにある。偉いと思うなら、自分で行ったらいいじゃん、と思いながら「それがいちばん楽しいからですよー」と返事する。どちらも本音だ。

ともかく、ぼくも呉人先生のように、フィールド言語学をしてみたい。そのためには、まず調査する言語を決めないとはじまらない。第一候補は、呉人先生について行くことだが、寒いのは苦手なので諦めた。ぼくは「負の走〝寒《かん》〟性」も持ち合わせている。出身の島根から雪国である富山に来たことは、その走性に逆らっていたから、かなり後悔した。初めての富山の冬は見事な大雪で、ひと晩の積雪で平野部でも50センチ以上。そんな日の朝は「はい、今日はお休み〜」と家の中でコタツにくるまってゴロゴロしていたが、なんとふつうに講義があり、そしてみんな出席していた。富山の人は大雪の日にも、早朝に起床し、家の前を雪かきし、普段の倍以上の時間をかけて通勤通学し、平常どおりの時間に始業する。恐ろしいまでの勤勉さを持つ人々だと思った。ぼくは大学から比較的近くに住んでいたけれど、それでも大雪のなか登校するたび、泣いた。いま思い出しても涙が出る。

そんなわけで、調査は暖かい所へ行きたい。いや、暖かい所でなければだめだ。富山に来てしまった反省を踏まえて、赤道直下のパプアニューギニアを次の候補地にした。パプアニューギニアは「生物と言語のホットスポット」と呼ばれており、地球上でもっとも言語数の多い地域のひとつだ。そこに行けば、調査されていない言語はたくさんある。そしてなにより寒くない。最高だ。けれど、断念した。お金がない。日本からパプアニューギニアへ行くには、航空券だけでもかなりの値段がした。調査するには長期間滞在する必要がある。奨学金を借りて生活していたぼくには、到底そんなお金は捻出できなかった。

そんなこんなで悶々としている時期に、それなりに出席していた数少ない講義のひとつである人類学の講義で、運命的な出会いがあった。その講義は、さまざまな地域の人々の生活を、映像を見ながら学ぶもので、ぐうたらで飽き性なぼくでも通いやすい講義だった。ある日、「世界ウルルン滞在記」というテレビ番組の録画を見せてもらった。芸能人が辺境に行く系のよくある番組で、個人的にもリアルタイムでよく観ていた番組だ。そこに登場していたのが、ムラブリだった。

ムラブリは「森の人」で、タイの森の中で遊動生活をしている狩猟採集民であり、現地の人でも会えるかどうかわからない、珍しい人々だと紹介されていた。ガレッジセールのゴリさんがガイドと森の中を歩き、やっとの思いでムラブリに会うことができたのだが、ムラブリは全然ウェルカムな感じがなく、ゴリさんを受け入れていなかった。ゴリさんは会話もできず、終始困惑していた様子でかわいそうだったのを覚えている。愛想の悪い民族だなぁと思ったけれど、それが逆にリアルだな、とも思った。

番組の後半で、なにも展開がなく痺れを切らしたのか、なにかしようと狩猟に行くシーンがあった。大きな動物は難しいので、ネズミを狩ることになった。その狩猟のシーンで、それまでまったく話さなかったムラブリが、ようやく口を開いた。その瞬間、ぼくは「あ、これだ」と思った。その言葉は、歌うような響きで、文が長くなればなるほど声が高くなっていき、最後には裏声に到達して、そこまでくると堰《せき》を切ったように長く伸ばされ、余韻を残して終わる。この美しい言葉を話せるようになりたいと感じた。一目惚れならぬ、一耳惚れである。

講義の後、さっそく呉人先生にムラブリ語のことを話した。「ムラブリ語っていうタイで話されている言語があるんですけど、これをやってみようかなと思って」と言うと、なんと先生は「ムラブリ語なら、わたしの友人が研究してるわよ」と言った。なんという偶然。「じゃあ、ムラブリに会いに行きます」、即決だった。

初めての海外、初めてのムラブリ

そこからは早かった。どうやらぼくは「正の走〝ムラブリ〟性」を持ち合わせていたらしい。まず、大学を1年間休学した。半年間はバイトをして留学費用を貯め、残りの半年間でタイに留学する予定を立てた。ムラブリの調査をするには、まずタイの公用語であるタイ語が話せることが必須で、それなら日本よりもタイで学んだ方が効率がいいと考え、留学することに決めた。

休学してから初めの半年間は、塾講師と漫画喫茶のバイトを掛け持ちした。早朝は漫画喫茶でバイトして、昼間は勉強、夕方に塾講師をして、ちょっと寝てから、深夜にまた漫画喫茶。節約もした。家賃を浮かせようと思って、近所でいちばん安い部屋を借りた。階段下のスペースを部屋にしたような、ハリーポッターの部屋みたいな所に荷物を全部置いて、寝るスペースだけ確保した。バイト代だけでは留学費用を賄うのは難しかったから、親に借金をして、奨学金を新たに借りもした。「タイに留学します」なんて、縁もゆかりもない場所に行くことを親もよく了承してくれたな、と感謝している。

お金も貯まって、タイ行きの目処が立った2007年の秋、なんとタイでクーデターが起きた。タイ国民が黄色と赤色の2つの派閥に分かれて、なにやらどんちゃんやっているそうだ。しかも、赤色のグループに空港が占拠されたというニュースが入った。これ、行けないんじゃなかろうか。一時は中止も覚悟したけれど、現地に住む人に連絡を取ると、意外と現地の生活はふつうらしく、出発の日までには無事に占拠も終わり、騒がしかったわりに予定どおりタイへ行けることになった。

人生初の海外、飛行機自体も人生2回目、修学旅行で島根から東京に行って以来だった。まだLCCのない時代、富山から電車で関西空港まで行き、初めての国際線に乗った。心配事は、英会話だった。そのときのTOEICは300点台で、機内での英会話にもびくついていた。無事にタイに着いてからも、安心できなかった。セキュリティチェックがあるからだ。そこでの会話を、英語でするか、それとも付け焼き刃のタイ語でするか、表現を復習しながら外国人用レーンに並んでいると、入国審査官に「こっち来い！　こっち来い！」と手招きされた。そこはタイ人用のレーンだった。「あ、空いてるならこっちでもいいんだ〜」と思ってパスポートを見せると、「あれ、あなた、日本人なの？」と驚かれた。どうやら、タイ人と間違われたらしい。結局、復習していた英語もタイ語もとくに使わず、淡々とセキュリティチェックは終わった。

縁のある土地を訪れると、初めてでもなにかを感じ、なぜか涙を流す人もいるらしい。ぼくの知り合いも「初めての土地の空港についたとき、ここが本当の故郷なんだって思って、涙が出た」と言っていた。そんな話を聞いていたので、ぼくも感動的な初入国になるのではないか、と少し期待していたのだが、全然そんなことはなかった。だけど、「なにかあっても、なんとかなるかもしれない」とも思った。空港を出て浴びたバンコクの湿気と熱気は、ぼくが異国に来たことをたしかに教えてくれていた。

タイの首都、バンコクには2つの空港がある。スワンナプーム空港とドンムアン空港。当時は国際線は前者で、国内線は後者だった。スワンナプーム空港に着いたぼくは、そのまま連絡バスに乗ってドンムアン空港に向かった。ムラブリのいるプレー県に向かうためだ。いきなり？　そう、いきなりだ。それがかなったのは、呉人先生のご友人である、坂本比奈子先生のおかげである。

時はさかのぼり、タイに足を踏み入れる2カ月前。とある言語学会で、呉人先生の紹介でぼくは坂本比奈子先生と初めてお会いした。坂本先生は、当時すでに10年もムラブリ語を調査されており、『ムラブリ語テキスト』を調査報告としてまとめられていた。それを呉人先生から事前にもらっていた自分は、その本を読んで質問を用意して坂本先生に会いに行った。けれど、その質問のほとんどは的はずれで、ただただぼくの勉強不足が露呈するだけだった。それでも、坂本先生は「一度、一緒にムラブリの調査へ行きますか?」とおっしゃってくださった。坂本先生は、その年は年末に調査へ行かれるとのことだったので、ぼくもそのタイミングでタイへ行くことを決めたのだった。

坂本先生とドンムアン空港で合流し、セスナ機で北部のプレー県へ向かう。プレー県に着くと、ムラブリと一緒に住んでいるウドムさんが迎えに来てくれるという。タイ人かなと思っていたら、金髪で青い目をした爽やかな男性が登場して驚いた。ウドムさんはタイ生まれ、タイ育ち、しかも小さいころからムラブリと暮らしていたので、ムラブリ語がペラペラ、タイ語ももちろんペラペラだ。ただ両親がアメリカ人なのだ。ウドムさんの父親は宣教師で、キリスト教を布教しようとムラブリに接触したが、あきらめてムラブリの村をつくり、暮らしているという。地域でも有名な村だ。その村にこれからお邪魔することになっていた。車中では坂本先生とウドムさんが英語で会話をしている。ぼくは後部座席で背筋を伸ばして2人の話を聞いていることしかできなかった。変な相槌ばかり打っていた気がする。

2時間ほど山道を走り、途中の売店でお土産を買ったりして、あっさりとムラブリが住むフアイホム村に着いた。村の中心には小川が流れていて、街に比べて涼しく、気持ちのいい場所だった。坂本先生は、この村で長年調査をされてきたという。

少数民族を訪ねるテレビ番組などを見ると、訪れた人が歓迎される場面が冒頭でよく出てくる。「遠くからよく来てくれましたね」とか言われて、お茶とか食事を振舞われたりするアレである。「世界ウルルン滞在記」を見る限り、ムラブリから歓迎を受けることはないだろうな、とは思っていたけれど、やはり期待はしてしまう。坂本先生からもシャイな人たちだとは聞いていたから、もし話す機会があったら、こちらから話題をつくろうと、日本からお土産も用意してきた。いま思い出すとどうかと思うのだけれど、抹茶味のご当地ポッキーとか、扇子とか、折り紙とか、コテコテの日本土産をいくつか用意していた。ともかく、話せるきっかけがあれば、それを逃さないようにしないと、という思いで必死だった。

けれど、淡い期待は裏切られ、やっぱりムラブリに歓迎ムードはなかった。ぼくらが村に到着しても、誰も表に出てこない。誰もいないのかなと思ったけれど、そうではなかった。家から半身を出して、こちらを覗いているのが見えるからだ。こちらを見ているだけで、近寄ってはこない。その目線は警戒しているのか、怯えているのか、遠くからはわからないけれど、どちらにしても歓迎されていないのはたしかだった。その村ではハンモックを編んでいて、それを商売にしているのだが、編んでいる人に坂本先生が話しかけても、こっちをチラッと見るだけで、言葉は返ってこなかった。坂本先生は「ムラブリはとてもシャイなんですよ」と言うだけだった。彼らと打ち解けるには思った以上に時間がかかりそうだと、ぼくはそのときに覚悟した。

村のもっとも高い位置に、ウドムさんの父である、宣教師のブンジュンさんのお家があった。立派なお家で、偏見だけど、アメリカンな田舎暮らしをしているように見えた。ブンジュンさんの家は売店にもなっていて、ムラブリが卵などを買いに来たりもしていた。卵を買いに来たムラブリに、ブンジュンさんがムラブリ語で対応しているのを見て、その流暢さにとても驚いた。あのムラブリ語だ！　ぼくが生で初めて聞いたムラブリ語は、ムラブリからではなく、宣教師さんの口から出たものだった。

坂本先生とぼくはブンジュンさんのお家のさらに上流にあるゲストハウスにお世話になることになった。ベッド、エアコン、温水シャワー付き。どれもとてもきれいだった。てっきりムラブリのお家にお世話になるものだと思っていたから、拍子抜けしたものの、安心している自分もいた。食事もブンジュンさんのお家でいただけることになっていた。朝はトーストにフルーツにジュース、昼と夜は奥さんであるワセナさんの手づくりのタイ料理。最高の環境だった。

ここまでお膳立てされたからには、初めての調査を思いっきりやろうと決心した。しかし、ぼくの初調査は、控えめに言っても壊滅的だった。

圧倒的準備不足の初調査

調査票というものがある。言語のフィールド調査を効率的に進めるための計画表にあたるもので、貴重な調査時間を無駄にしないように、なにをどこまで明らかにするのかを事前に考えておくのだ。坂本先生から事前に調査票を用意してくるように、と言われていたのだが、ぼくは「基礎語彙調査票があるから大丈夫だろう」と、その準備を怠っていたのである。

基礎語彙調査票というのは、言語学者が新しい言語を調査するときのためにつくられた、調査の難易度順に単語が並べられている語彙集のことだ。最初は「目」「鼻」などの具体的な身体部位からはじまり、「歩く」「投げる」などの動詞が続き、それから「もし」「〜へ」など、抽象度が上がっていく。日本語版の冊子もあり、日本語、英語、フランス語がついている。

最初の調査でこの基礎語彙調査票を用いるのは、フィールド言語学の調査では常套手段であり、富山大学の留学生を相手に、試しに簡単な調査もやってみていた。そこで試した感じで、なんとかなりそうだと考えていたのだが、甘かった。問題になったのは、その調査票にタイ語の記載がない、ということである。ぼくは「票には日本語や英語があるから、日タイ辞書を持っていって調べればなんとかなるでしょ〜」と軽

初調査に持っていったノート。（撮影：筆者）

く考えて、ろくに調査票の準備をせずに、村に来ていたのだった。

調査前夜になって初めて、日本語・英語からタイ語への翻訳がいかに大変かを思い知ることになった。票の日本語をタイ語に翻訳しようにも、ひとつの単語につき、複数の訳語がついている。どれを選べばいいのか判断できないのだ。さらに、持って行った辞書はタイ文字で書かれていた。安くてコンパクトだから、という理由だけで買ったその辞書も、ほとんど開いてすらいなかったから、気づかなかったのだ。当時、ぼくはまだろくにタイ文字も読めなかった。

さて、そんな状況だったので、初めての調査がどんなものだったのか、想像に難くないだろう。ぼくは基本的に昔のことはすっぱり忘れてしまうタチなのだけれど、このときの情けなさは身体が覚えている。言語のフィールド調査はもちろん録音されるのだが、そのときはＤＡＴというテープレコーダーのすごいいいやつを呉人先生に借りていた。坂本先生に「ＤＡＴを絶対用意しなさい」と言われていたからだった。それから、いいマイクも呉人先生から借りた（いま思うと、こんな高い機材をいくつもよく貸してくださったとありがたく思う）。そして、このときの録音は、いつ聞き返しても「くぁ――っ」という奇声を出さずに聞くことができない。このふにゃふにゃしたタイ語を話す男を、いますぐ黙らせたくなる。その男（ぼく）は発音がよくないのに、自信がなくてゴニョゴニョ話すから、余計に通じないのだ。通じないなら通じないなりに話せばいいのに、通じてる感じを装おうとしているから、その機会も失っている。くわえて聞き取りもまったくできていないから、頓珍漢なやりとりになってしまい、わざわざ調査につきあってくれているムラブリを困惑させてしまっている。坂本先生は終始無言だが、呆れていることを伝えるのに音声は必要ない。

それにもかかわらず、困ったことに、この録音はもっとも聴き返したい録音なのだ。調査を手伝ってくれたのは、ヤラナーという、どこかネイティブアメリカンを思わせる風貌の女性で、民話を語らせると天才的で、美しいムラブリ語の響きが一層際立つ。ムラブリが森にいたころのお話や、空を飛ぶ巨人のお話を、彼女は本当に生き生きと披露してくれた。なにを話しているかわからないぼくは頷くことしかできなかったし、調査をどう進めようか必死だったけれど、そのお話を聞いている時間だけは、自分の不甲斐なさを忘れて、ムラブリ語の響きを堪能することができた。

この録音を聴き返すもうひとつの理由がある。それは、ヤラナーが坂本先生に向かって言ったセリフだった。「アイダラーオ　ンガーム」。坂本先生はそれを聴いて大笑いした。ぼくは事情が飲み込めずキョトンとしていると、坂本先生が解説してくれた。「伊藤くん、あなたのことをかっこいいって言ってるんです」。ムラブリ語では、若い男のことを「若い竹（アイダラーオ）」と呼ぶことがある。ぼくは彼女の目には、青々しい若竹に映ったらしかった。急に褒められて、どんな反応をしていいかわからず、とりあえずタイ語で「コープクンクラップ（ありがとうございます）」と返した。ヤラナーは伝わったことがわかって満足そうだった。「初めて伊藤くんを連れて来てよかったと思いました」。坂本先生のその言葉はもちろん皮肉なのだけれど、2人の笑顔を見て、ぼくは久しぶりに呼吸をした心地になったのだった。

散歩、食事、掃除

それから1週間ほど調査は続いた。ぼくは一貫して見事にポンコツであり続け、坂本先生はそんなぼくをいっさい慰めたりしなかった。夕飯の後に毎晩反省会が開かれた。研究者としての心構え、この機会がどれだけ貴重で、ぼくはそれをいかに無駄にしているのか、ムラブリ語の現状がどれほど危機的なものなのか、そういったことを毎晩教わった。まったく反論の余地はなく、素直に聞いていたが、あまりにも反省会が長く続くので、少し話題を変えようと、ぼくは陸上競技の話（ぼくは中学から大学まで陸上部だった）を持ち出したりした。その途端に嬉々として話しだすぼくを見て、坂本先生に「陸上の研究をすればよかったんじゃないですか？」と言い放たれ、またしょげた。反省会の後、自分の部屋に戻って、調査整理、調査準備、日記を書いていると、もう空は明るくなりかけている。「昨晩は電気を消し忘れて寝たの？」とワセナさんに聞かれて、寝てないとも言えず「はい、すみません、気をつけます」と返事する。冴えない日々だった。

あまりにも調査ができないので、ぼくは方針を変えて、坂本先生がゲストハウスで調査をされている間、ムラブリと外に出ることにした。村を流れる川の上流に滝があって、ムラブリはそこを神聖な場所と考えているらしかったので、そこへ散歩することにした。ヤラナーの夫のタラナーに連れて行ってもらう（ムラブリは結婚すると名前が一緒になることがある。夫の名前に統一されることもあれば、妻の名前になることもある。別々の場合もある。人によって昔の名前で呼んでいることもある。ルールはいまでもよくわからない）。

タラナーはいつも少し口が開いていて、どこかぼーっとしているように見えるのだが、周りのことをじつは細かく見ていて、いつもぼくに気を配ってくれた。森の中を歩いているときも、「その石を踏んだら危ないよ」とか「この枝を持ってはいけない」などと身振り手振りで細かく教えてくれた。また、めぼしい植物を見つけては、その名前と思われるムラブリ語をぼくに熱心に教えてくれた。ぼくはメモを取ろうと思ったけれども、まずはしっかり聞こうと考え直し、教えてもらった単語をオウム返ししたり、「コォ　コォ（はい　はい）」と覚えたてのムラブリ語で返事をした。タラナーがなにを言っているのかはまったくわからなかったけれど、彼の言葉にただただ耳を傾け、真似をした。コミュニケーションが取れていたとはとうてい思えないけれど、ぼくの必死さは彼に伝わっていたと思う。しばらく歩いて、滝にたどり着いた。静かな場所にあり、いかにも神聖そうな場所だった。なにかをするのかと思ったけれど、タラナーはしばらく滝の近くに座ってから、唐突に「アワール（帰ろうか）」とだけ言い、来た道を戻っていった。ぼくはなにもわからないまま、タラナーのうしろをついていった。

昼の散歩以外にもできることを考えた。まずは、朝の散歩だ（また散歩である）。食事はブンジュンさんの家で、調査はムラブリに来てもらっていたから、こちらからムラブリの家を訪れることがほとんどなかった。家に入るのはまだ勇気が出ず、それでも自分の姿を見せておこうと考えた。話しかけても返事がないのだから、まずはぼくが村に来ていることを知ってもらおう。そう思って、朝食の前に村の中を1人でぶらぶらした。川を眺めたり、蜘蛛を追いかけたり、朝露に濡れるオジギソウで遊んだりした。子どもたちが学校に通っていることや、自分と同世代のムラブリも住んでいることも、そのときになんとなく知った。けれども、彼らから話しかけてくることはまだなかった。

ほかにできることとして、ブンジュンさんの家で出される食事はきれいに食べたし、おかわりもした。英語もろくに話せないので、とにかく美味しそうに食べることに徹した。実際にワセナさんの料理は美味しかった。こんな山奥にあるムラブリの村で、手づくりのサンドイッチが食べられるとは思っていなかった。「たくさん食べるのね」と言われて、「イエス！」と元気に返事をする。とにかく、感謝を行動で表す機会がそれしか思い浮かばなかった。食事をしていると、ムラブリが窓から卵を買っていく光景が見える。ムラブリがなにを食べているのか気になったが、坂本先生いわく、ムラブリは食事しているところをあまり見られたくないそうなので、見に行くことはしなかった。

初調査でお世話になったヤラナーとタラナー。（撮影：筆者）

また、掃除も進んですることにした。ゲストハウスの中はもちろん、ゲストハウスの外に置いてあるテーブルを磨いたり、散歩のときにゴミを拾ったりした。これはぼくの精神衛生にもよかったと思う。なにかしらの役に立てているという実感がほしかった。掃除はどこでも誰でもできる。もしかしたら、これがいちばん大きな学びだったかもしれない。

突然の「帰れ」

初調査の最終日には、お正月のイベントがあった。村の真ん中でキャンプファイアーをして、普段おとなしかったムラブリたちがとても楽しそうに騒いでいた。最初は坂本先生と一緒に行って、みんな楽しそうですね、と遠巻きに見ていた。やはり、身内でないものが入れる雰囲気ではない。「わたしたちは部外者だから帰ろう、明日も早いし」という坂本先生の言葉で一度はゲストハウスに戻った。

荷造りをしながら、ぼくは自分のダメさを振り返っていた。「このまま帰ったら、ダメだ」と思って、1人でお祭りに戻って行った。みんなが踊ったりしている輪に入って、音楽に適当に合わせて踊ったり、お酒があったからそれをもらって飲んだりした。全然話せないけれど、何人かと会話しようとしたりした。とくに同世代の子は男女関係なく話しかけてくれて、この調査旅行でいちばん手応えを感じた。なにより自分が楽しかった。やっと少しムラブリに触れられた気がした。

しかし、ぼくは少し調子に乗ってしまった。お酒を飲んで、ずっと変な踊りをしていたら、急に長老みたいな人が来て、自分になにかをまくし立てている。なにを言っているのかわからなかったけれど、なんだか怒っているように感じた。間に若者が入ってきてくれて、タイ語で「クラップバーン（家に帰る）」と言われた。そうか、「帰れ」と言われているんだ。それがわかった瞬間、スッと冷静になった。「ありがとう」とだけ言って戻った。若い子は途中まで一緒に歩いてくれた。悲しいというより、「そういうものだ」と納得した。そりゃそうだ。これまでなにも話さなかったよそ者が、いきなり祭りに入ってきて、愉快に踊っていたら困惑する。

次の日、出発する前に村を歩いたけれど、みんな寝ていて、話すことができなかった。そのまま、誰とも会うことなく、ウドムさんの車で街に降りた。久しぶりに降りた街は、とても暑く感じた。バスターミナルに着いて、バンコクに帰るバスに乗り込んだ。その直前に、ウドムさんが「ムラブリが君にいい印象を持ってたよ」と伝えてくれた。「よそから来た人で祭りに参加した人は初めてだ。彼らも喜んでいたよ。あんな反応は本当に珍しい」と言って褒めてくれた。けれど、ぼくはそのとき、ポンコツ過ぎたし、祭りからも追い出されていたから、素直に受け止めることができず、ウドムさんは自分を慰めてくれているのだと思っていた。「そうだといいですね（I hope so.）」と返事するのがやっとだった。

後からわかったのだが、ウドムさんの言っていたことは本当だった。そのときのぼくの様子は、フアイホム村を超えてたくさんのムラブリに伝わっていた。小さいコミュニティだから、噂はあっという間に広がるのだろう。後日、「あのときのユウマはなにも喋れなかったよね」といじられることもある。ぼくを追い返したおじいさんは、怒っていたのではなく、怖かったのだと、後からムラブリの青年が教えてくれた。ムラブリは部外者を恐れ、森に逃げることで生存してきた。その感性は定住してからも残っているのだろう。

さて、そんなことも知らずに傷心で、しかしただでは起きる気はないぼくは、タイ語の勉強準備をはじめた。次のフィールド調査は、こんな結果にしたくない。その一心だった。

コラム❶　タクルベルの昔話

タクルベルというおじさんがいる。気さくで聡明なおじさんで、ぼくが最初に友達になったムラブリである、ブンティップのお父さんだ。ちなみにブンティップのお母さんは、ムラブリの精神世界に関する大きなハードカバーの研究書の表紙になっている。人柄が穏やかで見た目もムラブリらしいので、目立つ役回りの多い家族なのだ。

名前になっている「クルベル」とは鳥の一種で、彼はクルベルの鳥の鳴き声を真似するのが上手だったから、その名前にしたらしい（ムラブリの名づけにルールはなく、自分で好きな名前に変えることがある）。声を真似て、鳥を誘き寄せて、捕まえていたそうだ。

タクルベルは生まれも育ちも森で、40年近く森で暮らしていた。だから、彼からは定住する前の話をたくさん聞いた。蜂蜜を採った話、象に出会った話、お化けを見た話、いろいろあるけれど、いちばん印象に残っているのが、森の中で飢えた話だ。

彼はそのとき、森の中をいくら歩いても食べるものを見つけられなかった。動く元気はないけれど、動かないと食べ物は見つからない。前を向いて歩けないほど、頭が重く、杖をつきながら歩いていたという。

「ユウマ、これは本当の話だよ。お腹が空くと、頭が重くて重くて、持ち上がらなくなるんだ。首も腕も脚も細くなるのに、頭だけ小さくならない。何度も休もうと思ったけど、止まったら動けなくなって、もう死ぬとわかっていたから、歩き続けたんだ。俺は本当のことを話しているんだよ」

そんなとき、森の中でムラブリではない人に会って食べ物をもらい、一命を取り留めた。そのときは、その人が神さまに見えたらしい。タクルベルは、その人についていって、彼の村に住むことになった。しばらくは彼の村に住んでいたけど、結局別の村に引っ越した。自由ではなかったらしい。その村では「あれをしろ、こうしろ、こうあるべきだ」といろいろと言われたらしく、それが嫌で離れたらしいのだ。

森の生活について、ムラブリは楽しそうに語ることも多いが、飢えだけでなく、寒さや病気、大型動物や毒を持った虫など、危険はたくさんある。そのなかで生き延びることがどれだけ大変だったのか、現代文明にどっぷり浸かったぼくには想像できるはずもない。

第2章　駆け出し言語学者、「森の人」と家族になる

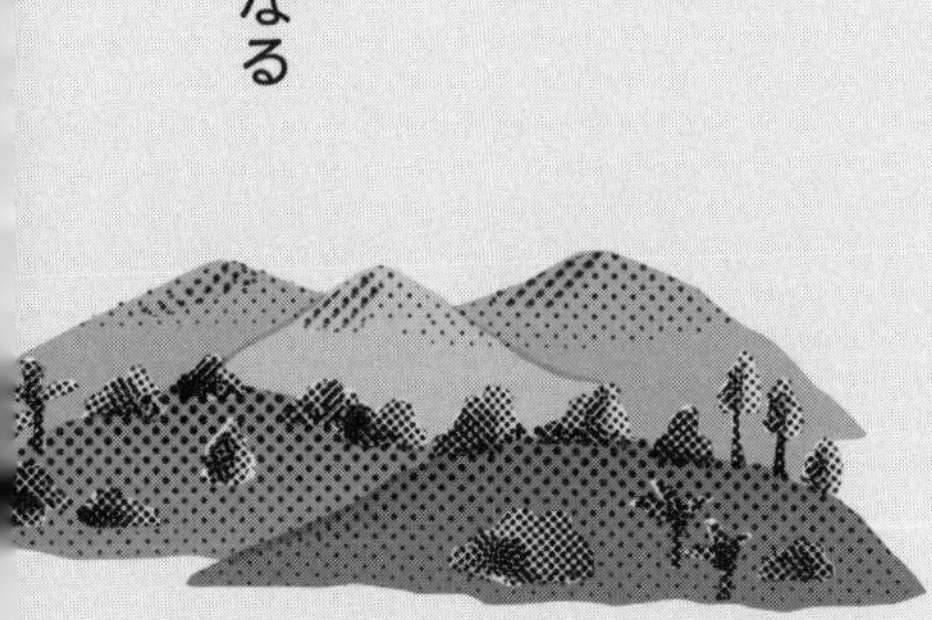

2015年8月22日　午前11時

今日も雨季らしく、朝から雨。

バババババババババババババババババババババババババババババババババババババババ

ババババババババババババババババババババババババババババババババババババババ

トタン屋根がうるさい。調査しようにも、雨の音で話もままならない。パソコンを開いてデータ整理をしたり、前のノートを見返したり、持ってきた文庫本をめくったりしてやり過ごす。

外を見ると粘土質の地面に大きな水たまりがいくつもできている。そこをバイクが通るから、深さも子どもの膝ぐらいまである。

雨のおかげで体感温度は高くなく、むしろちょっと肌寒いくらいだが、湿気が高くじめじめしているので、タイの大型スーパーで買ったTシャツとステテコを着て過ごす。日本から持ってきたTシャツは、生地が頑丈な分肌に張りつき、この時期は向かない。タイで売られているぺろぺろの頼りないTシャツくらいがちょうどいい。

昼前くらいに雨はピタッと止んで、そこからかんかん照りになり、虫が鳴きだす。やたら声の高い蝉がおり（日本から来た学生の誰かが高周波セミと名づけていた）、暑さがよみがえって汗も噴き出す。ここまでセットで雨季、という感じだ。

雨あがりはムラブリと会うチャンスだ。晴れの日は朝から早々に森か畑に出てしまうが、雨の日は外に出ず、家にいる人が多い。

雨季になると畑仕事が少なくなるので、男たちは定期的に泊まりがけで森へ猟に出かける。サル、リス、モグラ、ネズミなどの小動物が多い。ヘビは食べない。あとは竹虫。竹の中にいる幼虫で、炒めて食べることができる。竹虫は高く売れるので、肥料の袋にたくさん取ってくることもある。大量の竹虫を最初に見たときは怯んで一瞬動けなくなったが、一度食べて美味しいとわかると平気になった。

野生のマンゴーもおいしい。小ぶりだが色が濃くて甘い。ムラブリの主食である芋は、雨季は採るのが難しく、採れても水っぽくて美味しくない。代わりにタケノコがたくさん採れるので、それが主食になる。

女性も森に行く。ムラブリの民芸品であるバッグの素材になるタペート(葛《くず》)がいっぱい採れる時期だからだ。ついでにカニとかバナナの葉っぱとかも採集する。キノコにはあまり興味がないらしい。

ムラブリが森でおこなう狩猟と採集は、自分たちが食べるためだったり、楽しかったりするからやっていることがほとんどで、お金を稼ぐためにする行為ではないように見える。

　誰か村にいるだろうと思い、外に出てぬかるみを慎重に歩く。安物のビーチサンダルだから、何度も鼻緒の部分が抜けるので、歩くのもちょっとした運動だ。予想は外れて、大人は村にいなかった。

　雨が上がっているうちに村から歩いていける水汲み場へ行く。ムラブリに限らず、近くに住む人たちがみんな汲みに来る場所。ちょっとした散歩だ。そういうときには、だいたい村の犬を呼んで一緒に歩く。

「ションプウ！」

　ションプウはシェパードに似た雄犬で、村でいちばん大きくて強い。ムラブリはみんな犬を飼っている。ぼくは村に長く通っているから、どの人がどの犬を飼っているか、だいたいわかっている。ムラブリは犬には厳しい。躾としてだが、投げたり叩いたりする。ご飯もほとんどやらない。自分で探せ、というスタイル。このあいだ、ぼくがお酒を飲み過ぎて吐いたら、村中の犬が寄ってきて食べていた。逞しいな、と朦朧としながら眺めていた。

　自分は日本人なので、多少は犬を可愛がる。そうしたら懐く。ションプウは最初に村を訪れたときからいる犬で、高齢だから喉の肉がたゆんたゆん。名前を呼べば、ちゃんとやってくる。水汲み場に行くときはよく一緒に散歩する。

水汲み場では泥で汚れた足を洗う。ついでに顔を洗い、水を飲む。うしろの道路を中学生くらいの子どもがバイクで通り過ぎていく。ぼくは歩いて村へもどる。

お昼はインスタントラーメン。辛いものに疲れてきたので、チリパウダーは入れずに食べる。

ムラブリの女の人が民芸品のバッグを持ってくる。「ご飯食べた?」「いま食べてる」。この女性がぼくにバッグを売りたくて来たのはわかっている。だけどムラブリは自分から営業するのが苦手だ。家の前でもじもじしている。

「何バーツ?」とぼくから尋ねる。つくる人によって少しずつ違うバッグ。大きさも色も少しずつ異なる。けれど、どれもすべて手づくりで、分業しないから、ものすごく手間がかけられている。大きくて鮮やかなバッグだったので、500バーツで買った。

「バッグの材料を採りに行きたいから、車を出してくれない?」と聞かれたので、ぼくも一緒に行って森を歩くことにした。雨の後だから、道路からすぐの場所。遊びに使う葉っぱや、タペートの種類を教えてもらう。森について話すときのムラブリがいちばん饒舌で楽しそうで、好きだ。

二度目の挑戦

壊滅的な初調査からバンコクに戻ったぼくは、タイ語の勉強を本格的に開始した。拠点は、タイ語で「アヌサワリー」と呼ばれる戦勝記念塔の近所。数多くのバスが行き来し、市民交通の要所にもなっている、下町風情あふれる賑やかな場所。そこに安宿を借りて、「タイの東大」と言われるチュラロンコン大学のタイ語講座に通うことになった。

タイの東大とはいえ、お金を払えば誰でも受けられる講座なのだが、他のタイ語講座に比べて受講料が数倍高く、受講者のほとんどが社会人だった。アメリカ、フランス、オーストラリア、マレーシア、中国、そしていちばん多かったのが日本人。仕事でタイ語が必要な人は半分くらいで、あとは遊びのためとか、恋人がタイ人だから、という人だった。

タイ語のコースは初級・中級・上級に分かれていて、初級を修めるのに三カ月程度必要だった。その間はバンコクで暮らしたけれど、あまりお金に余裕はなかった。外食をしても十分安く、一食100円程度で済むのだけれど、より出費を抑えたかったから、小さい炊飯器を買って、お米を炊いて、おかずだけを屋台で買っていた。タイではお米がすごく安く、当時は300円とかで2、3キロ買えた。タイ米は水分が少なくてパサパサしていて、しかも日本米にはない香りがあって、当時は苦手だった。途中からはもち米を日本米だと思って食べていた。おかずは豚串（ムーピン）とか春雨サラダ（ヤムウンセン）なんかを屋台で買って食べた。

また、坂本先生がバンコクに住むタイ人の日本語教師を紹介してくれた。その先生が教える大学のタイ人学生と友達になり、バンコクでのサバイバル方法をいろいろと教えてもらった。やたらと安いラーメン屋さん、市場でぼったくられない方法、日本食のスーパー（高いからほとんど行けなかったけれど）。

それでもお金が足りなかったので、こっそりバイトなんかもした。日本語の教材のビデオに出演したり（あのビデオはどこかに出回ってるんだろうか）、日本人学校に通う生徒向けの塾で補助のアルバイトをしたりした。ビザ的には本当はダメなんだけど、「少数民族の言語を研究したくてタイに留学してるんです」と言うと、おもしろがってくれたり、感心してくれたりして、よくしてもらった。いま振り返ってみると、ぼくはムラブリやその場で会った人たちに助けられて、なんとかなっている。運がいいのだと思う。

お金はなかったが、タイ語を学ぶためのお金は惜しまなかった。とくに辞書はよいものを揃えたい。坂本先生には『タイ日大辞典』を買うように言われていた。「タイ語を本気で学ぶならこの辞書を持っていないと話になりません」とまで言われたのでバンコクの紀伊國屋で探すと、1冊だけあった。真っ赤な辞書で、他の辞書より圧倒的に分厚かった。そして、値段も圧倒的に高かった。当時の値段で1万バーツ以上。ぼくの住んでいた所の家賃が3000バーツくらい、日本円だと1万円くらいだから、その辞書だけで家賃3～4カ月分になる。少し怯んだけれど、1冊しか在庫はないし、買うしかない。決意を固めてレジに向かう。レジの人がバーコードをスキャンして「1万バーツ……1万バーツ!?」と2度言ったのをいまでも覚えている。そんな辞書を持っていたのは、タイ語講座のなかでぼくだけだったけれど、結果的にその辞書を買ってとてもよかった。読んでいてもおもしろいと思った辞書は初めてだった。

そうして3カ月ほどタイ語を学んで、初歩の文字の読み書きもできるようになり、いよいよ調査を再開することになった。

調査地としては、前に坂本先生と行ったファイホム村へ行こうとはじめは考えていた。けれど、調査をはじめる少し前に、「ムラブリを研究するタイ人研究者がバンコク近郊に来る」という情報が入った。タイの京大といえるチェンマイ大学の学生で、修士課程を終えての発表だったらしい。その人の発表を聞きに行って彼から話を聞くと、ファイホム村のあるプレー県の隣、ナーン県にもムラブリは住んでいるという。

調査地をどこにするかというのは、研究者にとっては気を遣うもので、とくに先行して研究している人がすでにいる場所での調査は、あまり勧められたものではない。それはファイホム村でも同じことだ。調査中に行われた坂本先生との反省会でも、その話題が何度か上がっていた。「研究者は新しい発見を競っています。伊藤くんには別の村との比較もやってほしい」と、やんわりと他の村に行くように促されもした。

ぼくはあまり功名心がなく、他の研究者に呆れられることがある。これは少し後のことだけど、大学院生のころ、「なんで論文に自分の名前を書かなきゃなんないんだろ、別になくてもいいいんじゃんね」などと言って、研究室の誰にも共感してもらえなかったことがある。そりゃそうだ、と思うところもあるのだけれど、じつはいまもあんまり納得していない。研究が進歩して人間の知識が増すなら、誰の成果かはそこまで重要じゃない気がするのだけど、どうだろう。

そんなことを言うと「立派ですね」と言われることもあるが、これは裏を返すと、ぼくが「あなたの成果もわたしの成果ですよね」に近いことを簡単に言えてしまうということで、その側面が出ると途端に周りは閉口する。坂本先生に対してもそんな感じで、「これまでの調査票を見せてくれませんか？」とカジュアルに聞いてしまい、とても怒られた。「調査票は研究者の抱える問いの結晶みたいなもので、それを易々と見せるなんてことはできないし、見せてもらおうだなんてなにを考えてるんですか！」と怒られた。ごもっともです。

ともかく、坂本先生と自分の研究の棲み分けをするためにも、違う調査地があればそちらに行こうと考えていた。隣のナーン県にもムラブリがいることがわかったいま、そちらに行かない手はない。初めての土地で少し不安もあるけれど、多少はタイ語もできるようになっていたので、大丈夫だろう。とにかく、ナーン県に行ってみて考えよう。事前に計画を立てるのが苦手なので、とりあえず動くことにした。

ナーン県にはバンコクからバスで行くことにした。単身で行ったから、とくにどうやって村に行くか、どこに村があるかも調べずに行った。とりあえず、動く。いま思えばそのタイ人研究者に連絡して、連れて行ってと頼めばよかったのだろうけど、なぜだか当時のぼくはそうしなかった。約束をとりつけたりするのが苦手なのもあったと思うが、なんとかなるだろうな、という直感があったのだろう。

ナーン県行きのバスはトイレ休憩と食事休憩を幾度となく挟みながら、山を蛇行して進んでいく。対向車ととんでもないスピードですれ違うからヒヤヒヤするし、窓から見える景色は初調査のときと同じような山の景色で、緊張感が高まってくる。

ナーン県のバス停に着いたのは夜で、外はもう真っ暗。そこが街のどこかもよくわからない。宿もとっていないから、どうしたものかな、とバス停の周囲をうろうろしていると、街の方へ向かう相乗りバスが来たので、それに乗る。そこで同席したカップルが、外国人が珍しかったのか、「どこへ行くの？」と尋ねてきた。ぼくは「ムラブリに会いに来ました。彼らの言葉を研究したいんです」と伝えた。すると、彼らは驚いて、「ぼくたちの友達が明日、ムラブリの村へ行くんだよ、一緒に行こうよ」と誘われた。やはりぼくは運がいい。彼らと同じホテルに泊まって、次の朝、ムラブリの住むファイユアク村に連れて行ってもらえることになった。

施し・蔑みの対象

その日泊まったのは、街の真ん中にある、新しいけれど古風な造りのホテルで、そのカップルとぼく以外は誰も泊まっていなかった。あとでわかったけど、かなり高級なリゾートホテルだった。遠距離のバス移動で疲れていたけれど、次の日からムラブリの村へ行くことになる。前と同じ失敗はしない。バンコクで買ってきた立派なA4のノートに調査項目が書いてあるのを確認して、発音練習をしながら、ベッドに横になった。

翌朝、カップルの友人が車で迎えに来てくれた。ピックアップトラックで向かうらしい。とりあえず、車が通れる道があるようで安心した。

村へ行く前に準備があると言って、まず街にある別の友人宅へ向かい、布のようなものがたくさん詰めてあるポリ袋を数個トラックに詰んだ。その後、大型スーパーに立ち寄り、大量の一斗缶に入ったお菓子や、食用油のセットを購入していた。キャンプでもするつもりなのかな、とよくわからずに積荷を手伝っていた。

ファイユアク村には2時間程度で着いた。途中に派手な坂道がひとつあるくらいで、ほとんどはごきげんな山道だった。村の入り口には急な坂があり、それを登ると、竹でできた壁の家が並んでいた。初調査のファイホム村の家はコンクリートの壁だったから、だいぶん趣が違うなと思った。そして、あまり緑がない。森の中というよりは、山の斜面を削ってできた土地に家を建てている感じだ。ここに本当にムラブリが住んでいるのだろうか？ 車を停めて、みんなが荷物を下ろしていると、おじいさんが近づいてきた。小柄で、杖をついている。ポロシャツを着ているが、ふんどし姿だ。やっぱりムラブリだ！

ムラブリのおじいさんはタイ人カップルの方へやってきて、なにか呟いている。どうやらコーヒーが欲しいらしい。車にあったインスタントコーヒーが渡される。そうこうしているうちに、村の中からぽつぽつと人が集まってきた。ムラブリ語の響きが聞こえてきた。誰かが来たのを伝え合っているのだろう。しばらくすると、ムラブリたちが車の周りに集まってきた。ほとんどは女性と子どもだった。

タイ人カップルは子どもにお菓子を渡しはじめた。ムラブリの子どもたちに一列に並ぶように促し、一人ひとりに手渡ししていく。また、ビニール袋に詰まっていた布の正体は服で、これを村に寄付するらしい。気づいたらさっきのおじいさんも子どもの列に並んでいて、お菓子と一緒に現金ももらっていた。ちゃっかりしている。「ターイ　ループ　ノーイ！（写真撮って！）」と言いながら、タイ人カップルがぼくにカメラを渡す。ムラブリに寄付する瞬間の写真を撮ってほしいらしい。タイ人女性がお菓子の缶を持ち、ふんどしのおじいさんがそれを受け取っている姿勢で止まっている。2人ともカメラ目線の笑顔だ。慣れているのがわかる。なるほど。これは「タンブン（善行）」だったのか。

タイは仏教国である。今世で善い行いをして徳を積むことによって、来世ではよりよい人間に生まれ変わると信じられている。だからみんな徳を積みたがる。徳を積む方法はさまざまで、日頃の行いであったり、寄付であったり、いろいろある。たとえば、都会では生きた魚や鳥が売られているが、それを買ってどうするかというと、逃がしてあげるのだ。魚や鳥を買って、逃がす。これが徳を積むことになるらしい。稼いだお金で命を救ったのだという。そんな商売をする人をなくす方がよっぽど徳になりそうだが、タイの中ではタンブンはとても浸透している。

貧しい人に寄付するのもタンブンの代表例だ。ムラブリは、タイ社会においては経済的にもっとも貧しい人々であり、「物を持っていなくて可哀想な人たち」とされている。だから食べ物や服を寄付しようと、タイ人がかなりの頻度で訪れるのだ。

精霊か、お化けか

また、タイ人に「ムラブリ」と言ってもほとんど通じない。代わりに「ピートンルアン」と呼べば、ほとんどの人が知っている。タイ版インディ・ジョーンズと呼ばれる『タワンイムチェーン』という映画に、この呼び名でムラブリが登場するからだ。しかも、本物のムラブリがキャスティングされているから驚きだ。ピートンルアンは「黄色い葉の精霊」と日本語では訳される。この呼び名はタイ語・ラオス語であり、つまり外側の人がムラブリを名づけた他称だ。その昔、森の中を歩いていると、人がいた痕跡がある。焚き火、竹でつくられた寝床、食べかけの芋。寝床の屋根に使われているバナナの葉は黄色くなっている。けれど、その場所にはもう誰もいない。これが、ムラブリが「黄色い葉の精霊」と呼ばれる理由だ。

ピートンルアンは蔑称でもある。日本語訳は「精霊」、英訳は〝spirits〟とされているが、タイ語・ラオス語のニュアンスでは「お化け」に近い。タイは現代でもお化け信仰があり、全国ニュースでお化けや憑依が連日報道される。そのような背景を知ってから、ムラブリがタイで「ピー（お化け）」といまもなお呼ばれているニュアンスをつかんでほしい。ぼくもピートンルアンの研究をしていると言うと、「本当にいるのかい？」と驚かれることが多い。また、「小さい研究ですね」と言われることもあった。たしかに、研究に大小があるとしたら、対象の物理的サイズや、人類全体への影響力によって論じられるのかもしれない。しかし、少なくともぼくの目の前にいるムラブリは、ぼくやその発言をした人とほとんど変わらない仕方で存在している。その意味で、研究に大きいも小さいもないとぼくは思う。

最近は、初調査でお世話になった宣教師のブンジュンさんがテレビなどのメディアに出て、ムラブリは実在する人であり、またピートンルアンは蔑称であることを伝えてくれている。そのおかげで、ムラブリの名前で知っているタイ人も増えているようだ。しかし、呼び名がピートンルアンからムラブリになったとしても、まだまだ施しの対象であることは変わらない。

施しを受ける対象としての自覚はムラブリにもあるようで、感謝の言葉もほどほどに、もらったらすぐに散っていく。唯一、真っ先に出てきたおじいさん（のちにタケーオという名前だとわかる）は調子よくタイ人にいろいろとせびっている。服を脱いで身体中にある刺青を見せては、写真を撮らせ、お金をせびっている。ムラブリにもいろんな人がいるんだな、とそれを見て思った。タイ人がタケーオの刺青やふんどし姿を写真に撮って喜んでいるのを遠巻きに見ながら、この輪に入ったままでは、いつまでたってもムラブリと仲よくなれないと直感した。ぼくは彼らのような観光客じゃなくて、研究者なんだ、という変なプライドもあった。

タンブンが済み、写真をひと通り撮り終えると、タイ人カップルと友人は帰り支度をはじめた。滞在時間は30分くらいだった。彼らはぼくにどうするか尋ねたけれど、ぼくは一緒には帰らないつもりだった。「街に泊まった方が便利だよ、また車で来ればいい」とも言われたが、丁重にお断りして、村に泊まっていくことに決めた。帰る方法は決まっていなかったが、きっとなんとかなるだろう。

彼らが帰ると、ぼくは宿を探して村の中をウロウロした。とりあえず、話せる人はいないかな、と思っていたけれど、みんな警戒して外に出てこない。タイ人の幼稚園の先生が泊めてくれると言ってくれた。とてもありがたかったけれど、それだと前の調査と同じことになる。ぼくはムラブリの家に泊まってみたかった。そんななか、唯一話を聞いてくれたのが村長のタシーだった。

タシーは当時40代くらいの男性で、みんなから一目置かれていた。物事を細かく覚えていて、街のことも、森のこともなんでも答えてくれた。わからないことももちろんあったが、それもはっきりとわからないと言う人だった。この年代の男性としては珍しく、標準タイ語も上手に喋れる。タンブンのときにはみんな北タイ語を話していてほとんどわからなかったから、タシーと標準タイ語で話せてホッとした。タシーはぼくが坂本先生と一緒に行ったファイホム村のこともよく知っていて、ラナー夫妻とも親戚だという。タシーのお家だけが村の中で唯一のコンクリート壁で、村の入り口

タシー（右から2人目）と家の前で。（撮影：二文字屋脩）

に家があった。タシーに宿がないことを話すと、部屋が空いているから泊まっていいと言われたので、そこに泊まらせてもらうことにした。

ぼくはこの調査が終わったらすぐ日本に帰る予定だったから、バンコクの部屋を引き払って荷物を全部スーツケースに入れていた。中身はほとんど紙だ。バンコクで買った『タイ日大辞典』、タイ語の教科書とノート、図書館でコピーした資料、調査票などなど。紙は重いことをこのとき思い知った。おかげでスーツケースのタイヤは潰れ、引きずりながら移動するしかなかった。

そんな重たいスーツケースをタシーの家で開き、寝床の準備をしていると、タシーはポツリと、「ものがとても多いね（コーン　ユッナ）」とタイ語で言った。なにも言い返さなかったけれど、心のなかで「調査をするから仕方がないんだ」、と言い訳している自分がいた。ただ、村にいる間にスーツケースの中身はほとんど役に立たなかったし、帰国の際には運ぶのにずいぶん苦労した。この経験を経て、物が多いのは大変だ、という感性が生まれはじめていた。

「最小対」とおごりのアイス

タシーは、そのとき少し体調を崩して畑仕事を控えていた時期だったので、彼が調査を手伝ってくれることになった。これはとてもラッキーだった。

言語調査でもっとも大事なのは、インフォーマント（調査協力者）選びだといわれる。調査は誰に頼んでもいいが、誰でも上手にできるかと言えばそうではない。フィールド言語学でもっとも一般的な調査方法は「エリシテーション」と呼ばれる。日本語だと「導出法」と訳されるが、なんてことはない。質問したり、写真や動画を見せたりして、それに答えてもらう手法だ。誰に調査しても同じだと思うかもしれないが、調査を受けるのにも上手な人とそうでない人がいる。調査をしている側としては、必ず狙いがある。音を調べたい、文法を調べたいなど、欲しい情報がある。しかし、それをインフォーマントにそのまま伝えるわけにはいかない。こちらの意図が事前に伝わると、調査結果に影響を与えてしまうからだ。だからといって、自由奔放に答えられても困る。相手の欲しい情報だけを端的に答えて、それ以上のことは言わないのが理想のインフォーマントだ。自分が調査を受ける側になってみるとすぐにわかるが、これは思いのほか難しい。

タシーは、その点でいえば素晴らしいインフォーマントだった。こちらの意図を汲んでくれるし、聞かれたことに端的に答えてくれて、さらに余計なことは話さない。しかし、補足的な情報をたまにくれたりする。たとえば、「頬」はムラブリ語で「メーウ」と言うのだが、この言葉は少数民族・フモンも意味する。フモンは頬骨が出ている人が多く、その特徴を捉えてあだ名をつけたのだ。まるでぼくがどんな情報に喜ぶのかを知っているかのように、タシーは痒い所に手が届く範囲で補足を入れながらも、テンポよく質問に答えてくれた。そのおかげで、このときの調査はかなり順調に進んだ。

そして前回と異なり、今回は調査票をきちんと準備してきた。今回の調査の目的は2つ。まず、ムラブリ語の基礎的な語彙を収集し音の体系を明らかにすること、そしてムラブリ語で質問できるようになることである。未知の言語を調査する場合は、まず音について調べるのが一般的だ。これを「音韻論」という。言語によって音の体系はもちろん異なる。たとえば、日本語の母音は5つだが、タイ語の母音は9つだ。その言語がどのような音を用いるかを表にしたものを「音素目録」といい、その目録をつくるのが、ムラブリ語のような無文字言語を調査する出発点となる。目録ができれば、文字のない言語の調査と記録が楽になるからだ。

音素目録をつくるためには、まず「最小対」を探さなければならない。これは、ひとつの音だけ違う単語のペアのことで、音の体系を見極める重要なヒントになる。日本語でたとえると、「て（手）」と「け（毛）」は最小対だ。ローマ字で書くとｔｅとｋｅで、母音は同じだが、最初のｔとｋが異なる。だから、日本語はｔとｋが語を区別する機能を持っている、と判断する。これを「弁別機能」と呼ぶ。「そんなの当たり前だろう」と思うかもしれないが、それはあなたが日本語を話せるからだ。あなたがまだ話せない、文字もない言語を学ぶときは、このような最小対があなたの学習をとても助けてくれる。だから、調査する言語の最小対を見つけた言語学者は、その日を幸せな気分で過ごすだろう。

このような音韻論の調査は、発音を厳しくチェックしていく必要がある。ひとつでも音を間違えれば、最小対の発見も無駄になり、幸せな気分も吹っ飛んでしまう。

どのように発音を調べるかを少し具体的に示そう。まず、発音を聴く。口元もしっかり見る。唇の形や舌の位置は大きな手がかりになるからだ。何度か発音してもらったのちに、自分で真似て、発音を聞いてもらう。あらかじめ「正確に発音したいので、厳しくチェックしてください」と伝えておく。発音が少し悪くても、伝わるからいいか、と判断を甘くする優しい人もいるからだ。わざと間違えて発音し、訂正されるかどうかを試すこともある。発音に確信が持てたら、ようやくノートに書き留める。文字がないので、国際音声記号（IPA）を用いる。これは発音記号のようなもので、世界中の言語を記述できるように開発されている。言語学者はたいていIPAをひと通り学んでいる。ただし、自分が研究する言語に現れない記号については疎かったりするのがふつうだ。逆に研究する言語によく現れる音には敏感になったりするので、音の得意／不得意によって、どの地域の言語を研究しているかを逆算できたりもする。「そり舌音得意だよね、インド行ってた？」などがその例だ。

　初めのうちは、すべての単語や表現でこのプロセスを踏むので、とても時間がかかる。タシーはとても丁寧に、妥協なく、そして要領よく基礎語彙の調査を進めてくれた。発音もきれいだった。知り合いのフィールド言語学者から、歯のない人をインフォーマントにしてしまい、調査がほとんど無駄になった話を聞いたことがある。タシーも多少歯がなくて少し心配だったけれど、杞憂だった。

　それでも、聞き取りにはかなり苦労した。まず、ムラブリ語には母音が10個ある。日本語の倍だ。「い」は日本語とほぼ同じだが、「あ」に聞こえる母音が2つ、「え」

に聞こえる母音が2つ、「お」も2つ、「う」に至っては3つもある。母音については話せるようになったいまでも苦労する。

慣れない音に対して、聞いて、真似て、直して、書く。聞いて、真似て、直して、書く。最初のころは1時間で15個から20個できればいい方だった。定期的に「疲れてないですか？」とタシーに聞いたが、タシーは一度も「疲れた」と言わなかった。いつも先にぼくが音を上げてしまっていた。

調査の合間には、休憩でコーヒーや食事を一緒にとっていた。ぼくはそのときもほとんどお金がなかったので、町で買ってきたインスタントラーメンをお湯も使わずに割って食べていた。タシーから「それが好きなのか？」と聞かれて、「まあまあ」と返事をしたら、暇をしている男たちを呼んで、ラーメンを食べにいくことになった。「クァイティアオ」という米粉麺のタイ風ラーメンを出す店が当時1店舗だけ、2つ隣の村にあった。そこまで1時間くらいかけて歩いて行ったのだが、到着してから誰もお金を持っていないことに気づいた。みんな、ぼくがお金を持っていると思っていたらしい。「ぼくはお金ないよ、ラーメン1杯分もない」と言うと、「じゃあ、アイスキャンディを食べよう」とタシーが言って、みんなにアイスキャンディを買ってくれた。ひとつ5バーツ、15円。タシーもお金がないのに、おごってもらって申し訳ないな、と思いつつも、暑くてすぐに溶けるので、味わう暇もなかった。手持ち無沙汰になったわれわれは、そうしてまた同じ道を歩いて帰ることになった。

その話はタイ人研究者の耳にも届いたようで、「村に金を持ってない日本人が来たって笑ってたよ」と数年後に教えてもらった。たしかに、ムラブリの村には施しに来る人がほとんどだから、お金のない人が来るのは珍しいのかもしれない。

ギリギリの卒論、ギリギリの院試

2週間の調査の結果、300語程度を集めることができた。少ないと感じられるかもしれないが、これでもかなり急いだ方だ。その成果を坂本先生に報告すると、「早過ぎる、正確性に欠けるのではないか」と言われたことからも、それはわかる。先生に言われたとおり、たしかに間違いは多かった。しかし、このスピードで調査できたのは、タシーの協力のおかげでもある。最初のインフォーマントがタシーでよかったと、いまでも思う。

さて、調査を終えたら、余韻に浸る間もなくすぐ帰国となった。久しぶりの日本。醤油味の牛丼がやたら美味しかった。休む間もなく、録音を聞き返しながら、データを整理する。そう、卒業論文を書かなければならないのだ。

ぼくは予定どおり音韻論についての論文を書くことにした。興味のあったイントネーションについても書きたかったが、まだまだ準備不足だ。イントネーションを分析するためには、単語のリズムや、文のつくり方、どんなシチュエーションで話されたかなど、たくさんのことを考慮しなければならない。ムラブリ語の単語をまだうまく発音できない自分には、時期尚早だ。ムラブリ語研究が長い道のりだということを、あらためて自覚した。

大学院進学も、並行して行っていた。帰国前に大学院試験について調べていると、京都大学大学院がよさそうだった。受験に間に合い、外国語試験が1言語で済む大学院は、ほぼ京都大学だけだった。自分があの京都大学の院に入るなんて、考えたこともなかったけれど、やることが決まったら、怖気づくこともない。もう貯金はなかったから、大学院入試のお金などを稼ぐために、タイへ行く準備と同じように、朝は漫画喫茶のバイト、昼に院試の勉強と卒論をして、夜には塾のバイト、深夜にまた漫画喫茶のバイトで、物置小屋のような家で寝る、という生活が続いた。

肝心の卒業論文は、どうにかギリギリで書くことができた。論文を書くことの大変さと充実感を感じることができた。自分の足で獲得した調査データに基づいて、自分の頭で考えたことをまとめるのは、それだけで自信になる。けれど、内容はまだまだで、300語ではデータが不十分だ。録音データを聞き直すと、聞き取りが不正確なところも多々あり、音声学の訓練がもっと必要であることがわかった。呉人先生から音声学の教科書を借りて、そのテープを聴きながらバイトに向かったりした。ムラブリ語の録音も暇があれば聞き返していた。

一方の院試もギリギリだった。英語の論文を訳す問題や、術語の解説も、付け焼き刃の英語力や知識でなんとかそれらしい回答を捻出することしかできない。実力だけでは、合格できなかっただろう。しかし、ここでも運が味方する。論述式の大問にアスペクトが出題されたのだ。アスペクトは「食べる」と「食べている」の違いなど、出来事の局面をどう表すかを扱う領域だ。英文法でいう、進行形とか完了形などの話だ。これは非常に助かった。じつは富山大学のグループ演習の講義で、アスペクトを扱った経験があったのだ。グループメンバーに恵まれ、社会人学生の現役日本語教師の先生や、まじめで優秀な同級生がいたので、ぼくにしてはしっかり勉強することができた分野だった。そのアスペクトが試験でたまたま出題されたのだ。「アスペクトについて知ってることを述べなさい」。ぼくは嬉々として書き殴った。

筆記試験のあと、すぐに面接があった。筆記試験の採点をもとに行われる面接は、非常に恐ろしいものだ。ぼくはやはり出来がイマイチだったらしく、先生方の顔は明るくなかった。「こういうことをしてる人にしては、できてないね」と言われた。こういうこと、とは、あるひとつの言語を丸ごと調査しようとしていること、である。一般的には「記述言語学」と呼ばれる。多くの言語学者は専門分野をもち、音について、語について、「受け身」についてなど、ある領域に特化した研究をおこなうことが多い。それに対して、ひとつの言語を選び、その言語を包括的に研究しようとする人もいる。それが記述言語学者だ。ひとつの言語について、音についても、語についても、どの領域についても分析するため、言語学のすべての領域にくわしくなければならない。逆に言うと、言語学にのめり込んで、広く勉強してきた人が、記述言語学をやりたいと思うようになるのが、よくあるパターンだろう。でも、ぼくの場合はまずムラブリ語があり、ムラブリ語をよりよく理解する手段として記述言語学を選んだ。そのせいというわけではないけれど、ぼくは言語学を広く学んでいない。そういう学生は珍しいのだろう、先生たちは少し不思議そうだった。

「英語もあんまり読めてないし、言語学の概論もそこそこ、だけどアスペクトについてはよく書けてたな」1人の先生にそう言われた。「あと、調査にもう行ってるということだから」という感じで、ギリギリ合格になった。

そんなわけで、なんとか大学院に入れたものの、勉強不足を痛感する日々が続いた。外部からきた院生は、まず卒論について発表することになっている。ぼくがわかってないのに、わかったフリをして発表していたのが、偉そうに見えたのだろう。指導教官の先生に「きみ、立場わかってる？」と言われ、しょげた。とにかく、どう取り繕っても勉強不足が露呈する毎日だった。

それでも、京大の院に行ってよかったのは、同世代にフィールド言語学をする人が多かったことだ。琉球、ミャンマー、南スーダン、スペイン、モンゴル。いろいろな地域の言語を現地で研究する人が多かった。また、フィールド言語学者の集まる研究会にも参加させてもらえることになった。大学院でも研究会でも、毎回ぼくだけがわからないという状態で、頓珍漢な質問をよくしたと思うけれど、誰もぼくをバカにすることなく、真摯に教えてくれた。何度も言うけれど、ぼくは運がいい。とくに周囲の人に恵まれている。大学院時代を思い出しても、それがよくわかる。

第2のインフォーマント

さて、大学院の２年間で、修士論文を書かなければいけない。２年間でひとつの論文と聞くと、十分な時間があるように思われるかもしれないが、研究も論文の書き方も駆け出しの身には、余裕がない。ぼくの場合は、タイへ調査に行く必要もあるし、なにより勉強不足だったので、同級生よりも努力する必要があった。日々の講義もついていくのでやっとだった。

そしてそのころ、学部生時代からつきあっていた恋人と結婚した。彼女は富山で働いていたけれど、仕事を辞めて京都に来てくれた。それもあって、将来の見通しを立てないといけないという課題も増えた。研究者として稼げるようにならないといけない。プレッシャーだったが、張り合いにもなった。言い方を変えると、義務感が「負の走〝嫌〟性」を上回った。苦手なことや、やりたくないことも、やる必要がでてきた。とにかく、当時はいちばん馬力があったのだ。深夜まで研究室にいて、翌日の早朝にまた研究室に行ったりした。その様子を見ていた夜型の先輩に「なにがしたいんだよ」とボソッと言われたりもした。とにかく、修士の時代はやり方もわからずに、がむしゃらにやっていた。

そして、修士1年目の調査がやってくる。このときは、それまでとは違う季節にファイユアク村に行った。タイには雨季、乾季、暑季があり、前回は暑季から雨季へ変わるころで、あまり畑仕事のない季節だった。けれど、今回は乾季。村長のタシーは畑などに出ていることが多く、あまり村にいなかった。ぼくは焦った。なけなしのお金を使って航空券を買って調査に来ている。限られた時間しかない。修論をよいものにしないと、その先もうまくいかず、収入が得られない。そういうプレッシャーがあったから、なんとかしてタシーと調査がしたかった。タシーはインフォーマントとしてとても優秀だったし、学部生時代のデータもそのまま使える。修士論文は卒論の続きで音の調査をする予定だったので、インフォーマントが変わると、音の調査はほとんど0からやりなおしになってしまう。発音は人によって癖があり、少しずつ異なる。その発音に慣れるのに、またそこそこの時間が必要になるからだ。大学院の指導教官からも、インフォーマントはまず1人に絞ったほうがいいよ、と言われていた。

そこで、ぼくはタシーをお金で釣ろうとしてしまった。「渡すお金ならあるから!」と言って、調査を強くお願いした。これまでも調査協力費としてお金を渡していた。けれど、それは本当に少ない額だし、タシーもそのお金で買ったお酒をぼくと一緒に飲んだりしていた。賃金を介した契約のような感覚ではなく、あくまで人間と人間の関係性のなかで成り立っていた調査だった。ぼくは、焦るあまりにそれを台無しにしてしまったのだ。タシーはその後しばらく、調査に協力するのを避けるようになった。それを感じてぼくも頼みづらくなってしまった。

インフォーマントは、基本的に年長者を選ぶことが多い。それは、その言語のより古い形を残していると考えられるからだ。年上の話者もいるのに、わざわざ若い人に調査するというのは珍しい。しかし、よく考えると、若い人でも立派な話者だ。そこで、ぼくは若いインフォーマントを探すことにした。タシーのいるファイユアク村は何度か大きな変化を遂げているけれど、当時はちょうど変革期で、村の中に幼稚園をつくり直す時期だった。そこで、併設される幼稚園の先生が村に住み込むことになり、その先生といつも一緒にいるムラブリの若者と知り合った。ブンティップと言った。ぼくにとって2人目のインフォーマントだ。

年齢はぼくとほぼ同じだったが、彼は森で生まれていた。とても利発的で情熱があり、若者のなかでも一目置かれているようだった。彼はあまり学校が好きではないらしく、学校には行かずに、村で幼稚園の先生と話したり、村にやってくるタイ人の相手をしたりしていた。あるとき、チェンマイから、タイ人の民俗学者が村に来た。ブンティップがいつものように対応していると、その学者が彼を気に入ったらしく、チェンマイに連れて行きたいと言い出した。チェンマイの山で彼と一緒に映像を撮りたいらしい。

村にいてもみんな忙しく調査が進まないので、ぼくもブンティップとチェンマイに行くことにした。民俗学者とブンティップとぼくで、森に入って撮影したり、芋を掘ってみたり、滝を見に行ったりした。ほとんど遊んでいるようなものだった。お笑い芸人の井手らっきょがドーベルマンに腰を振られている動画をYouTubeで見て爆笑しているブンティップを見て、お笑いは人類共通だな、と思ったのを覚えている。

ブンティップと森を歩きながらいろいろなことを教わった。（撮影：筆者）

ムラブリ語を学ぶ理由

チェンマイでは、その民俗学者の家にお世話になりながら、ぼくも自分の調査をした。タシーにおこなった基礎語彙調査をブンティップとやり直し、それに追加して新しい語彙も調査していった。それは調査というより遊びの延長だった。「ぼくはムラブリ語が話せるようになりたいんだよ」と、ぼくはブンティップに伝えた。すると面倒見のいい彼は喜んで教えてくれるのだ。質問しなくても、身の回りのものや動作をムラブリ語でなんと言うか教えてくれた。ぼくと話すときはムラブリ語で話してくれるようにもなった。このとき、自然と彼はぼくのムラブリ語の先生になったのだ。彼はとても飲み込みが早く、ぼくのやりたいことを理解してくれ、矢継ぎ早に関連語彙を教えてくれた。そのおかげで、修士課程が終わるころには調査語数は1000語に届こうとしていた。また、ぼくもムラブリ語で彼と少しずつ話せるようになっていった。

　ぼくのやりたいことをすぐ理解してくれたブンティップだが、その目的については納得できていなかった。なぜぼくがムラブリ語を学んでいるのか、よくわからないと言うのだ。当時はムラブリのほとんどの人がそうだった。ほぼ全員が「きみ、なにしに来てるの？」と思っているみたいだった。ぼくはそのたびに「ムラブリ語は話す人が少ないから」とか「ムラブリ語に消えてほしくないから」といった、とってつけたような理由を話していた。「自分がムラブリ語が好きだから」というのは、なんだか恥ずかしくて言えなかった。

　そんなある日、「おいしい」という単語の発音が、ブンティップとタシーで違うことに気づいた。タシーの発音では「ジョシ」、一方でブンティップは「ジョイ」。語末の発音が異なるのだ。語末に「シ」の音がくる単語は他にもある。たとえば、サワガニは「ガシ」だ。これをブンティップに聞くと、やはり「ガイ」という。つまり、この違いは規則的なものだった。ぼくはこれが年代差ではないかと考えた。チェンマイでの用事を終えて、2人で村中の人に語末に「シ」のつく単語を発音してもらった。やはり、年配の人は「シ」と発音するところを、若い人は「イ」と発音している。年代で発音が変化しているのだ。この発見に、ブンティップも興奮していた。こんな会話を交わしたのを覚えている。

ぼく「世代で言葉遣いが違うということは、ムラブリ語は変わっているということだよね」

ブンティップ「たしかに、若い人と年寄りで言い方が違うね」

ぼく「そう、だからぼくはそれを記録したいんだよ、文字がないからさ」

ムラブリ語は文字がない。そしてどんどん変化している。昔の言い方は誰かが記録しない限り、忘れられていくだろう。ぼくはムラブリ語が好きだから、その好きなものが消えていく前に記録しておきたい。このやりとりで初めて、彼はなぜぼくがムラブリ語を調査するのか納得してくれた。ぼくの調査の目的を理解してくれたブンティップは、おそらくそれを他の人たちにも説明してくれたのだろう。それから、ぼくが質問してもいないのに、ムラブリの人たちから自発的に言葉を教えてくれるようになった。また、これまでタイ語で話していた人もムラブリ語で話しかけてくれるようになった。

この年代差の発見を修士論文に入れようとしたけれど、指導教官に止められた。まず、言語の体系を理解するのが先だからだ。それは正論だった。ただ、年代差の発見を形にしたい気持ちも強かった。そちらの方がリアルなムラブリ語を表しているという点でも、魅力的だった。そこで、音韻論について論じた修士論文と同時並行で、年代差についての論文も書くことにした。年末年始も昼夜問わずパソコンに向かっていたのを覚えている。

ムラブリ語ではなく、ムラブリを見ること

ぼくは無事修士を修了し、博士課程に進学した。博士論文では、いよいよムラブリ語の全体像に迫ろうとした。ムラブリ語の文法書を書くのだ。そのためには、長期間のフィールドワークが必要になる。

ちょうどそのころ、人類学を専攻する二文字屋《にもんじや》脩《しゅう》さんがムラブリの研究をはじめた。同じくフアイユアク村で、長期間のフィールド調査をすることになっていた。人類学者は数年間を調査地で過ごすことが多い。彼がいる時期にぼくも滞在できれば、よい調査ができそうだと思った。

二文字屋さんはぼくより先に長期滞在をはじめた。ムラブリ研究をはじめたのはぼくより後だったけれど、持ち前のフットワークと社交性で、ムラブリのなかに溶け込

タケーオの時計の刺青を確認する二文字屋さん。（撮影：筆者）

んでいた。そのおかげで、ぼくも調査がやりやすくなった。

なにより驚いたのは、彼のムラブリ語能力だった。そのときのぼくはまだたどたどしくしか話せなかったけれど、彼は短期間で流暢にムラブリ語を話すようになっていた。正直、悔しかった。

そんな彼を間近で見ていて、痛感したことがある。それは、ぼくはいままでムラブリ語ばかり見ており、ムラブリのことはなにも見ていなかったということだ。二文字屋さんはムラブリ語よりもムラブリ自身に関心があった。彼らがなにを考えているのか、それを知りたがっていたのだ。

ぼくもムラブリ語を研究するなら、言語ばかりに興味を持っていないで、彼ら自身がなにを考えているのか、なにを話しているのか、その内容に興味を持ちたいと思った。そこで二文字屋さんと共同研究をおこなったりしながら、彼ら自身について知る機会を増やしていった。そうしたら、いつの間にかムラブリ語がすらすら口から出てくるようになった。聞き取りもずっとできるようになっていった。

ムラブリ語が話せるようになってくると、調査方法も変わってくる。ぼくは、あまり調査票を使わなくなった。なるべく、話している会話のなかに出てきた表現を捕まえて、収集していくようになった。

また、二文字屋さんにはムラブリの家族がいた。もちろん、血のつながっていない家族だ。これを「擬制家族」という。人類学者のフィールド調査では、擬制家族を持ち、その社会の家庭内に潜り込むことがある。彼もそうで、父、母、妹、弟などがいて、毎日のようにその家族のなかで豊かな経験をしていた。言語学者で擬制家族を持つ人はそこまで多くはないと思う。けれど、彼を見ていると、擬制家族を持った方が間違いなくよい調査ができると思えた。

擬制家族は、決まったなり方があるわけではない。ぼくの場合は、最初に村に来たときに村長のタシーが泊めてくれたから、タシー一家がいちばんの擬制家族の候補になる。しかし、焦ってお金を渡そうとして、少し疎遠になってしまっていたから、そ

「祖父」のタクウェーンと調査。（撮影：筆者）

れは言い出せなかった。

ブンティップは別の村に引っ越してしまったし、タシーはそのとき体調を崩していて、あまり調査に協力できそうでなかったのもあって、ぼくは年配の人で調査を手伝ってくれる人を探していた。そのなかでよく調査に協力してくれたのがタクウェーンだった。背が高く、温和な人だけど冗談は言わず、お酒も飲まない。杖やパイプをつくるのが上手だった。村から出ることも比較的少なかったから、毎朝タクウェーンの所に通って話を聞くようになった。3人目のインフォーマントだ。

しばらくして、二文字屋さんの擬制家族のお父さんが、ぼくのことを「タクウェーンの孫」と呼ぶようになった。するとそこから「タクウェーンの孫なら、彼は弟になるな」「だったらあそこの娘は妹だな」などと、ぼくとタクウェーンの関係性を起点に、あっという間にぼくの「親族関係」ができあがってしまった。その日から、ぼくは「タクウェーンの孫」になった。

ムラブリはよそ者のことを「クワル」と呼ぶ。猿を意味する「クオル」を言葉遊びで変化させた語彙で、少し見下したニュアンスがある。ぼくはずっとクワルだった。ぼくが村に来たことをムラブリが伝えるときには、「クワル……あ、違う、ユーマが来たよ」と、初めは「クワル」と呼ばれることが多かった。しかし、「タクウェーンの孫」になってから、いろいろな呼ばれ方をするようになったのだ。

「ディン（兄）」

「ロイ（弟）」

「ブンフネッ（お兄さん）」

「ノッ（孫）」

祭りで追い出された名もないクワルが、ようやく彼らのなかで人格を持ち、名前を得た。ムラブリに出会って、5年目のことだった。

コラム❷ タシーとの駆けっこ

アイスキャンディをおごってもらった帰り道、タシーたちとぼくは山に登った。同じ道を帰るのが少し退屈に思えたのかもしれない。タシーは眺めのよい場所のことを教えてくれると、「行きたいか？」と尋ねてきた。ムラブリはほとんど自分から提案をすることがないが、タシーはそういうことができる人だ。だから彼は村長だし、皆から尊敬されている。

その山へは畑を通る道から向かう。バイクの轍がつくる乾いたぼこぼこの畦道が、ぺらぺらの靴底には痛い。砂埃もひどく、あっという間にズボンの裾が砂まみれになる。そんな道を、タシーを含むムラブリの男たちは裸足で歩く。一歩一歩がゆったりとしていながら、注意深く踏まれていくのがわかる。多少の枝などは簡単に踏み抜いてしまうその足裏は、ぼくのはくスニーカーの靴底より厚いように思えた。

「走るか？」

タシーがこちらを振り向いて笑っている。無邪気な笑顔だ、けれどほんの少しだけぼくのことを馬鹿にしている。山道を裸足で歩くこともできないぼくが、この乾いた山の坂を走れるはずがない。おれたちが走れば、お前は置いてきぼりになる。そろそろ夕方だ。暗くなっては困るだろう？　そんなニュアンスがあった。

「走る」

ぼくは受けて立つことにした。馬鹿にすんじゃないよ。こちとら中学から大学まで陸上部で走ってきたんじゃ。たしかに文明の利器に頼って、雨をも弾くトラックで、針のついたスポーツカーみたいな靴で走ってきたわ。けどムラブリは吐くまで走ったことも、肉離れをするまで走ったこともないだろ？ こっちはあるんだよ、あなたたちからしたら馬鹿らしいだろうけどね！ 元陸上部のプライドが燃え上がってしまった。

ムラブリの男たちのなかで、タシーがいちばん速かった。細く無駄のない脚がするするっと上下し、砂埃を爽やかに舞い上げながら、坂を駆け上がっていく。中距離選手の走り方だ。上下動のない鋭い走り。一方のぼくは短距離選手だ。スタートは得意だし、坂ダッシュも散々してきた。追いつける！ 日本人なめんな！ タシーのうしろにピタリと食らいつく。お互いに負けじと足の回転が速くなっていくのがわかる。他の男たちはすぐに走るのをやめた。タシーとぼくだけが走って、走って、走って、もう少し走ったらぼくも止まろうと思ったところで、2人とも止まった。

山の上だ。目の前ではとうもろこし畑が、山の影に沈んでいる。その奥では夕陽が山の向こうに沈もうとしていた。

両手を膝について、肩で呼吸をする。息が落ち着くのを待った。タシーもかなり息があがっているようだったが、腰に手を当てて胸を張って立っていた。明らかに苦しくて座りたいはずなのに、タシーは強がって立っていた。それがすこしおかしくて、それからタシーを強がらせていることが誇らしくて、ぼくは素直に負けを認めた。タシーの前でおおいに悔しがってみせた。タシーはそんなぼくを見て満足そうだった。後から来た男たちは、早く帰りたそうにしていた。

調査協力をお金で解決しようとして以来、タシーとは微妙な距離が生まれてしまった。タシーは体調もあまり優れず、家にいがちで、手も震えている。たまに調査につきあってくれるが、体調を考慮して短時間で済ますことがほとんどになった。以前のように、一緒にラーメン屋さんに行くことはもうない。

あるとき、二文字屋さんがこっそり教えてくれた。

「一度だけゆーまちゃんのこと息子って言ってたよ、飲み会の席だったけどね」

だけど、ぼくはムラブリの間ではタクウェーンの孫ということになっている。タシーはタクウェーンの息子じゃないから、ぼくはタシーの息子にはもうなれない。

ぼくが最初にフアイユアク村に来たときに、泊めてくれたのはタシーだった。タシーの息子を名乗りたい気持ちもある。でも、もう遅い。それもまた、タシーとの間に微妙な遠慮を生み出している。

けれど、世の親子のあり方を見るに、父と息子って微妙な関係のことも多い。妙に距離が近いのも不自然かもしれない。タシーとぼくの微妙な距離感こそ、かえってリアルな親子なのかもしれないとも思う。

第3章　ムラブリ語の世界

2013年1月23日　午後2時

今日も昨日に引き続き、タクウェーンから親族名称を教えてもらった。

インスタントコーヒーの袋を持って、タクウェーンの家を尋ねる。

「メェ　タルゴ　ワーン　レェ（今日空いてる？）」

「タルゴ　カタン　ワーン（今日は空いてるよ）」

掠れた声で咳をしながら、それでも穏やかに返事をしてくれる。肺の調子が悪く、仕事を休みがちだ。その代わりに調査を手伝ってくれている。ありがたい。

「アジャック　サム（なら一旦行くね）」

録音機材を取りに戻る。休憩中に食べるお菓子も持っていった。

録音、録画機材をセッティングしながら、昨日の復習をはじめる。

「イタシー　ディ　アクミャ　イトゥムラッ（タシーの妻は誰だっけ？）」

「ヤニット」

「アクミャ」は妻を意味する。昨日の発見としては、「ミャ」は妻の意味だが、必ず誰の妻かをつけなければ使えないようだった。文脈でわかる場合は、英語の〝the〟に相当する「アク」をつける。

「じゃあ、タシーの妻のお兄さんは誰になるの？」

「ムイだね」

「ムイさんがタシーの妻を呼ぶとしたら、なんて呼ぶの？」

親族名称は慎重に調査をする。さまざまな可能性があるからだ。父方、母方、義理の兄妹など、変数が多い。日本語の体系に慣れたままでいると、チェックが抜け落ちてしまう。

また、質問も工夫する必要がある。たとえば、「母親の妹はなんて呼ぶの？」と質問しても、答えることが難しいことがある。その質問はムラブリにとっては抽象的過ぎるのだ。だから、「タクウェーンのお母さんはヤモンだよね。ヤモンの妹は誰？　その人をタクウェーンが呼ぶとき、なんて呼ぶ？」といった具合に質問をする。なかなか気を遣う作業だ。

昨日、ブンティップの母であるヤクルベルから親族名称についておもしろいことを聞いていた。祖父母のことを「タ／ヤ」と呼ぶのだが、玄孫（孫の孫）も「タ／ヤ」と呼ぶらしい。本当だとしたら、かなりおもしろい発見だ。しかし、1人に聞いただけでは不安なので、タクウェーンにも聞いて確かめてみることにしたのだ。

「たとえば、ぼくはタクウェーンの孫でしょ。ぼくに孫が生まれたら、タクウェーンはなんて呼ぶの?」

「わからない、名前はなんて言うんだ?」

「いや、まだ生まれてないから名前はないけど」

「わからない、生まれたらわかるだろう」

たしかにそのとおりなんだけど、こういうやりとりをしていると、正しいとか、間違っているとか、ぼくはどうでもいいことを気にし過ぎているんじゃないか、という気分になってくる。

調査が進んでいるのか進んでいないのか、よくわからないまま過ごしていると、子どもたちが学校から帰ってきた。お菓子を目当てに来たらしい。子どもたちが来ると、調査らしい調査は難しくなる。だけど、子どもたちと話すのもそれはそれで勉強になるし楽しいから、一緒に遊ぶ。今日は動物図鑑を持っていたので、子どもたちに図鑑を見せて、「これはなに?」と聞いてみたりした。子どもたちは競ってあーだこーだ言い合っている。子どもたちのなかでも、ムラブリ語の動物名をよく知ってる子もいるし、ほとんど知らない子もいる。それぞれ興味関心は違うんだから当然だけど、「ムラブリ」として子どもたちを見ていると、個人差のあることを忘れてしまっている自分に気づく。子どもたちが盛り上がっている横で、タクウェーンはコーヒーを飲みながら黙って見ているが、たまに「キメーン（違うよ）」と割り込んでくる。教えてやっている、というより張り合っているように見える。タクウェーンも子どもみたいだ。

だいたい30分くらいで子どもたちが飽きてきたから、今日の調査は終わりにして、村を散歩することにした。

村を散歩しながら、話し相手を探す。親族名称を実際に使ってみて、自分の理解が正しいかを確認する作業だ。少し前に、人称代名詞の「メェ（あなた）」は、同性同士でしか使えない、ということを聞いた。「メェ（あなた）」を異性に対して使うのは、少し失礼に聞こえるらしい。仲のよい男女間なら使ってもいいとも聞いた。日本語の「あなた」も、たしかに他人にはあまり使わないけれど、夫婦間では使われている気がする。ちょっと日本語のニュアンスに近いのかもしれないが、先入観をなるべく持たず、使いながら考えていく。

学校から帰ってきた中学生くらいの女の子に「メェ　ウゥ　チニョ（あなた、なにしてる?）」と聞いてみた。「カライ　ウゥ　チニョ（なにもしてないよ）」。問題なく返事が返ってきた。とくに戸惑っていた感じはない。異性に対しても普通に使えるのだろうか？　世代の問題？　それとも自分がムラブリ語の母語話者じゃないから、多少の間違いは大目に見てくれてる?

この例だけだとわからないので、別の女性に話しかける。今度は年齢が上の女性。森生まれの世代だ。

「メェ　ウゥ　チニョ（あなた、なにしてる?）」

「バア、ゴム　タン　シンネェ、ブンフネッ（違う、そんな風に言わないの、お兄さん）」

ちょっと怒られた。理由を聞いたら、やはり異性に対して、しかも年上の人に「メェ」を使うのはあまりよくないらしい。名前を言うか、「ディン（兄／姉）」と言うか、どちらかを使ったほうがいいそうだ。

「ディン　キメーン　パルゥ　ナー（お姉さん（私）は怒ってないからね）」

「カラム　ドゥ　ロイ（弟（あなた）次第だよ）」

結局、最後は「その人次第」に落ち着いてしまう。正直、研究者泣かせだ。

「メェ」の使い方や捉え方は人によっていろいろある、としか言えない。

「ユーマッ、メェ　ワーン　レェ（ユウマ、あなた空いてる?）」

そんな話をしていると、別の女性がぼくに向かって「メェ」を使ってきた。タイミングがよ過ぎて、その場にいるみんなで笑ってしまった。話しかけてきた彼女は訳がわからず、恥ずかしそうだった。

あいさつは「ごはん食べた?」

ムラブリ語には、「おはよう」「こんにちは」などのあいさつがない。その代わりに「ごはん食べた?」とか「どこ行くの?」などの質問があいさつの代わりになる。そもそも、口であいさつすること自体が少なく、たいていはすれ違いざまに目が合うと、顎をスッと上げる動作をするだけだ。あいさつはお互いに相手を認めていることを伝え合えばいいのだから、声を出さずにすむ方法を用いるのは合理的だ。

あえて言葉であいさつする場合、先に挙げた「ごはん食べた?」や「どこ行くの?」と言うのだが、あなたがもしそうあいさつされても、真剣に答えてはいけない。あいさつとしての「どこ行くの?」に対して「えーと、とくにどこに行くとかはないけど、あえて言うなら散歩かな」などのように、あなたが正直に、また正確に答えようとしている間に、ムラブリはどこかに行ってしまうだろう。深く考えてはいけない。あいさつでは、内容は二の次で、心地のよいタイミングで返事をする方がよほど大事だ。相手がムラブリの場合は、「畑に行く」とか言っておけば、違和感が少ないだろう。

もしかすると、まじめなあなたは、質問されているのに、テキトーに答えるムラブリ式のあいさつを不誠実だと感じるかもしれない。たしかに、言語は情報を交換するためのツールであり、その観点から言うと、テキトーはよくない。テキトーがよくないのは当たり前、と思うかもしれないが、なぜそれがよくないのかは、答えるのが難しそうだ。なぜぼくたちがそう感じるのかを、ポール・グライスという哲学者・言語学者は、ぼくたちの会話にひそむ前提、いわゆる「協調の原理（Cooperatire Principle）」によって説明した。彼によれば、会話が円滑に進むためには、以下のような決まりをぼくたちが守ろうとしているからだという［グライス　１９９８］。

①量：必要なことだけ言う
②質：本当のことだけ言う
③関係：その場に関係することだけ言う
④様態：わかりやすい表現で言う

もちろん、人は嘘をつくし、余計なことも言うし、不適切なタイミングで、しかもトンチンカンな言い方で伝えるのが常だ。この公理は常に守られている訳ではない。大事なのは、この公理が破られているような会話でも、公理を前提に会話が解釈される、ということの方にある。たとえば、以下のような場合。

A「今日、夕飯食べに行きませんか？」
B「明日、朝早いんですよねー」
A「そうですかー、残念」

一見、とくに違和感のない会話だと思うが、よく考えると会話が成り立っているのが不思議に思えてくる。夕飯へのお誘いに対する返事「明日、朝早いんですよね」は、直接的には「夕飯に行きません」という意味を持たない。けれど、これが誘いを断るセリフとして成立している。それは、お互いに「関係の公理」を前提にして解釈しているからだ。つまり、「明日、朝早いんですよね」は、その場に関係することを言っているはずで、その結果、誘いを断っていると理解されるのだ。

このように、人間は必ずしも常に理想的で合理的な情報交換をしているわけではない。むしろ、合理的でないところに、人間のコミュニケーションの豊かさやおかしみが宿る。だから、もしあなたがムラブリとあいさつを交わすときは、まじめにならず、テキトーでいてほしい。挨拶は音ゲーみたいなものだ。適切なタイミングでボタンを押せばよろしい。どのボタンかは問われない。

メタメッセージのやりとり

そもそも、言語は意味のある情報を交換するためにあるのではない。こんなことを言うと、不思議に思うだろうか？

言語は、他者と意思疎通を図るために用いられる道具だ。そこで交換されるのは、個人の思考や感情など、意味のある情報だと考えるのが普通だろう。しかし、それはすべての場合にあてはまるわけではない。

たとえば、いま話題にしたあいさつだ。ここでは日本語の「おはよう」を例に考えてみよう。「おはよう」が伝えている意味はなんだろうか？　字義どおりに受け取ると「時間が早い」くらいのことだろう。そんなことは知っている。それは眠い目を擦ってわざわざ交換するほど意味のある情報とは思えない。

では、なぜ意味のない「おはよう」を交換するのか？　この理由を考えるには、言語は「意味」とは別のなにかを伝えていると考える必要がある。では、あいさつは意味以外のなにを伝えているのか。それは「関係性」だ。

グレゴリー・ベイトソンという人類学者は、人間のコミュニケーションは「意味」だけではなく、「メタメッセージ」を伝え合っていると考えた［ベイトソン 2000］。

メタメッセージとは、字義的には「メッセージについてのメッセージ」という意味だが、ここでは主にコミュニケーションをおこなう人々の「関係性」をメタメッセージと呼ぶことにする。

　メタメッセージを考える例として、日本語の場合は人称代名詞がわかりやすいだろう。たとえば、ぼくはプライベートの場では自分のことを「ぼく」と呼ぶ。しかし、会議などの公の場では自分のことを「わたし」と言いかえる。なぜか？　それは一人称がメタメッセージ、すなわち周囲の人との関係性を端的に表すからだ。会議の場にいる人とぼくの関係は、プライベートではなく、オフィシャルな関係である。「ぼくは賛成です」と「わたしは賛成です」の意味は同じだが、メタメッセージは異なる。メタメッセージを無視して日本語の人称代名詞を用いるのは不可能なのだ。

　一人称の使い分けは、日本語社会で生活するなかで学ばれるもので、学校では習わない。裏を返すと、このメタメッセージは暗黙の了解なのだ。「ここでわたしは自分を『わたし』と呼びますが、これはこの会議という場がプライベートではないからです」などと、わざわざ言う人はいない。一人称の選択などによって、暗に関係性を示すのが日本語社会のしきたりだ。これは学習者にとって厳しい。教科書などには載っていないのに、違反すると強い違和感を与えかねないからだ。

　メタメッセージが難しい理由はそれ以外にもある。それは言葉以外のあらゆる動作がメタメッセージを伝えうることだ。声の高さ、リズム、ジェスチャーなどから「関係性」が滲み出る。ファミレスで人間観察をしたら、こちらの2人は恋人で、あちらの2人はまだ友達だな、となんとなくわかってしまう。メタメッセージが言葉以外の動作を通して発信され、それを無自覚に受信しているなによりの証拠である。

あなたが誰かとコミュニケーションをするとき、そこで交換されているのは意味だけではなく、あなたとその人の「関係性」についても語っている。だから、コミュニケーションには人間関係を変化させる力があるのだ。人は「自分と相手の関係」をその都度つくり上げることなしに、言語によって意思疎通を図ることができない生き物なのである。

どうでもいい情報が仲を深める

もちろん、内容を重視したコミュニケーションもあれば、メタメッセージに重きを置くコミュニケーションもある。内容を重視したものはわかりやすいかもしれない。相手に過不足なく誤解なく、考えていることや思っていることを伝えたい。多くの人が日々直面している課題であり、この課題は近年ますます重要度を増しているように見える。このように、内容を重視するコミュニケーションをここでは「合理的コミュニケーション」と呼ぶことにする。

一方で、内容ではなく、メタメッセージを重視するコミュニケーションも存在する。「あいさつ」がまさにそれだ。ぼくはメタメッセージを主に伝えるものを「儀礼的コミュニケーション」と勝手に呼んでいる。たとえば、友達とファミレスに来て「このハンバーグ美味しいね」「美味しいね〜」「ね〜」という会話をしたとする。このやりとりは、お互いに「美味しいね」と言っているだけで、新しい情報は皆無だ。けれど、なんだかとても仲がよさそうな会話に聞こえないだろうか？

反対に、同じファミレスでの会話だとしても、政治の議論とか、哲学の話とか、ビジネスの話とか、「合理的コミュニケーション」ばかりしたとする。それはそれで充実した時間だとは思う。しかし、その議論をした人たちの関係性が深まったかどうかを想像してみると、「美味しいね」と言い合ったときほどではないように思われる。「合理的コミュニケーション」だけでは、一定の距離以上は親しくなれない。親密な関係になるためには「儀礼的コミュニケーション」が欠かせないのだろう。

どうやらわれわれ人間は、どうでもいい情報を交換し合うことで仲間意識を育むらしい。その最たるものが「あいさつ」なのだ。

人間は意味のないことをやりとりするときにこそ、仲がよくなる。仲がよくなったから、意味のないことをやりとりするのではない。意味のないことをやりとりすることで、そんなことを言い合えるくらい仲がいいんだ、と錯覚するのだ。

先ほど例に挙げたように、「おはよう」の意味は「時間が早い」程度のものだ。ほとんど意味はない。それをわざわざ交換するのだから、「儀礼的コミュニケーション」なのだとわかる。あいさつに意味を求めてはいけない。意味のないことが、あいさつにとってはなによりも大事なのだ。

こう考えると、ムラブリのあいさつはテキトーでいいことが理解できるだろう。「ご飯食べた？」や「どこ行くの？」の返答として、必ずしも正確に答えなくてもいい、いや、むしろ正確ではない方がいいとすら言えるのかもしれない。

ある朝の、ブンティップの兄であるチャロンチャイとぼくのやりとりを紹介しよう。

ぼく「アウッユクレェ（ご飯食べた？）」
チャロンチャイ「タカート（寒いね）」
ぼく「ヒック　タカート（とても寒いね）」
チャロンチャイ「オック　ジオン　ア　ワール（わたしの父はもう帰った）」
ぼく「メッ　ア　ホット　シェッ　ド（雨がたくさん降ったね）」
チャロンチャイ「ウォック　カフェー　レェ（コーヒー飲む？）」
ぼく「ウォック（飲む）」

合理的コミュニケーションの観点でこの会話を見ると、なにも理解できないだろう。けれど、やりとりすること自体が重視される儀礼的コミュニケーションの観点からすれば、この会話は親密で好ましいコミュニケーションに感じられはしないだろうか。このときのやりとりは、昔のことをほとんど忘れるぼくでも、よく覚えている。寒い日の朝で、彼からもらったコーヒーをすすりながら、ムラブリ語の上達を感じられたからだ。発音がきれいとか、流暢に言葉が出てくるとか、「語学力」のような指標では表せないなにかが身についている手応えがあった。このやりとりの後にあったチャロンチャイとの間の豊かな沈黙と、カップから手のひらに伝わる温もりの確かさが、その感慨を後押ししてくれていた。

ムラブリ語の学術的価値

くり返しになるが、ムラブリ語は「危機言語」とされる。危機言語というのは、近々話し手がいなくなってしまうんじゃないか、という危機に瀕している言語のことだ。危機言語は世界中にたくさんあり、日本ではアイヌ語と琉球諸語が危機言語に認定されている。

言語の消滅はこれまでもたくさん起こってきたし、その動きは加速している。ぼくのような言語学者の端くれがどうこうしたところで、簡単に変えられる流れではない。そもそも、母語を話し続けるかどうかは、その言語を話している本人たちが決めることだ。外側の人間が「研究したいから」というくらいの理由で、口を挟んでいいことではない。

ただ、もし負担がないのなら、話し続けてほしいとも思う。「言語の消滅はひとつの宇宙が消えることだ」と誰かが言っていたけれど、その表現は大袈裟でないとぼくも思う。どの言語も、人類史を超えて、地球上で生まれて死んでいった数多の生命の膨大な経験によって成り立っている。その巨大な堆積層にアクセスできるのは、言語が姿を変えながら、人と共にあり続けたからだ。

教員時代、大学の講義で「英語と日本語とムラブリ語、どの歴史がいちばん古いと思いますか?」という質問をしたことがある。英語と答えた人、日本語と答えた人はいたが、ムラブリ語と答えた人はほとんどいなかった。ぼくは「どれも同じだけ古い」と答え、ブーイングを食らった。たしかに少し意地悪な問題だった。けれど、どの言語もそれぞれの言語名で呼ばれるようになるずっと以前に、その源流を持つ。人間の祖先と考えられているサルやネズミのコミュニケーションがあったからこそ、現在のぼくたちが話す言語が存在する。そのスケールで考えるなら、英語も日本語もムラブリ語も、いま話されている言語はすべて同じだけ歴史があると考えられるし、その歴史は地球の生命史に匹敵する。生きることはコミュニケーションをすることだからだ。

その悠久のなかで起きた出来事に比べれば、もしかしたらムラブリ語の消滅は小さいことなのかもしれない。ぼくはムラブリ語が好きだから、消えて無くなる前にたくさん聞いておきたい、くらいの気持ちで調査している。ただ、「好きなものが消えちゃうから」では、学問をする動機としてはお粗末だ。卒業論文の発表のとき、研究動機として「美しい言葉だと思ったからです」と言ったら「そういう理由じゃなくて、学術的な理由を教えてください」と笑われ、恥ずかしかった思い出がある。たしかに、個人の趣味ならそれでいいのだけれど、研究として学ぶなら学術的な価値を探すことは必要だ。「ムラブリ語は消えそうです、しかしムラブリ語を知ると言語学の発展にこんなにいいことがあります、だからムラブリ語が消える前にたくさん聞くことは、言語学的にとても大事です」と言えるようになる必要がある。そのために言語学を学んできたようなものだ。そして、とても幸運なことに、ムラブリ語は珍しい特徴をたくさん持っている。つまり、学術的価値がなかなか高い言語なのだ。

「上」は悪く、「下」は良い？

最近の研究でムラブリ語が注目されている分野のひとつは、感情表現だ。感情表現とひと口に言っても、その定義は難しい。「感情」という語や表現は言語によって対応するものがまちまちだからだ。

たとえば、トルコ語は「感情」に相当する語彙が3つある［Smith & Smith 1995］。反対に、ガーナなどで話されるダバニ語は、「感情」を意味する語彙を持たないとされる［Dzokoto & Okazaki 2006］。ムラブリ語も同じで、「感情」を表す語がなく、タイ語を使って表現するしかない。

このような状況で、どの言語にもあてはまる「感情」を定義するのは難しく、哲学的な問いにまで発展するので、ここでは深く立ち入らないことにして、常識的な意味で「感情」を用いることにする。

感情を表す表現は、大きく分けて2つある。ひとつは語彙だ。日本語で言うと「うれしい」とか「悲しい」などになる。もうひとつは迂言《うげん》的な表現だ。「心が躍る」とか「気分が沈む」などがそうだ。ほとんどの言語で両方の表現方法を用いることが知られている。ムラブリ語もそうだ。

感情表現は、とくに翻訳が難しい。日本語の「幸せ」と英語の「happy」のニュアンスが異なることからも、その難しさを想像できると思う。だから、研究者は感情表現の意味を「好／悪」と「動／静」の2軸を用いて、平面上にマッピングすることで表現する［Russel & Ridgeway 1983］。

左の図の右上が「動的に好ましい」、右下が「静的に好ましい」、左上が「動的に悪い」、そして左下が「静的に悪い」の領域だ。

たとえば、日本語の「幸せ」はポジティブで、英語の"happy"と共通するが、英語よりも少し静的なので下に位置づけられる。このような違いは、逐語訳では見落とされがちだが、図示することで、細かいニュアンスの違いを座標の位置によって表現することができる。

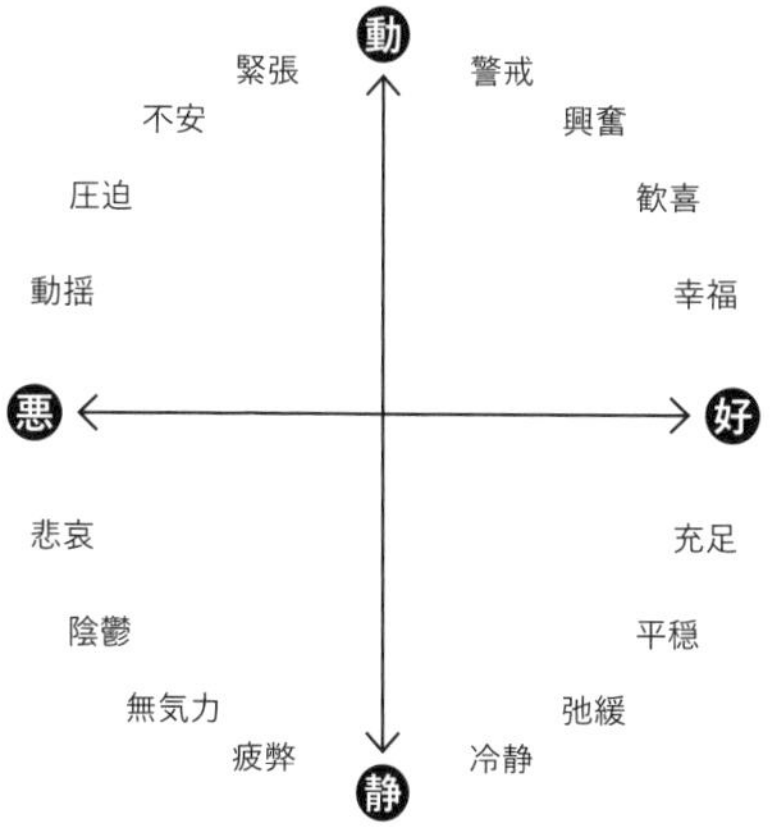

［Russel & Ridgeway 1983］を基に、筆者訳。

ここで注目したいのが、ムラブリ語の迂言的な感情表現だ。ムラブリ語は「クロル（心）」を用いて感情を表すのだが、そのなかでも「クロル　クン（心が上がる）」と「クロル　ジュール（心が下がる）」という感情表現がおもしろい。

直感的には「心が上がる」はポジティブ

な意味で、「心が下がる」はネガティブな意味に聞こえるだろう。しかし、実際は逆で、「心が上がる」といえば「悲しい」とか「怒り」を表し、「心が下がる」は「うれしい」とか「楽しい」という意味を表す［Wnuk & Ito 2021］。

認知言語学という分野では、世界の言語に見られる普遍的な特徴として、「上がる」ことは「よい」こと、つまり〝Up is GOOD〟が主張されている。これは概念メタファーと呼ばれ、とくに〝Up is GOOD〟は世界中で見つかるため、もっとも普遍的な概念メタファーのひとつと考えられている。しかし、ムラブリ語の「心が上がる」はネガティブな感情を表すため、普遍的だと主張される〝Up is GOOD〟の例外となり、とても珍しい。

あまりにもよく見られる〝Up is GOOD〟だから、ムラブリ語の分析が誤りである可能性もある。ぼくも「心が上がる／下がる」は上下運動ではなく、別の意味ではないかとも考えた。しかし、「心が上がる／下がる」というときのジェスチャーを見ると、胸あたりの前で手を上下に動かしている。やはり、「心臓の辺りが上がる／下がる」という感覚経験にこの表現の源があるようだ。

感情の評価軸は「好／悪」と「動／静」だったが、「心が上がる」は「好／悪」というより、「動／静」に左右されるのではないか、と考える人もいるかもしれない。ぼくも初めはそう考えた。しかし、ぼくたちのおこなった実験によれば、「心が上が

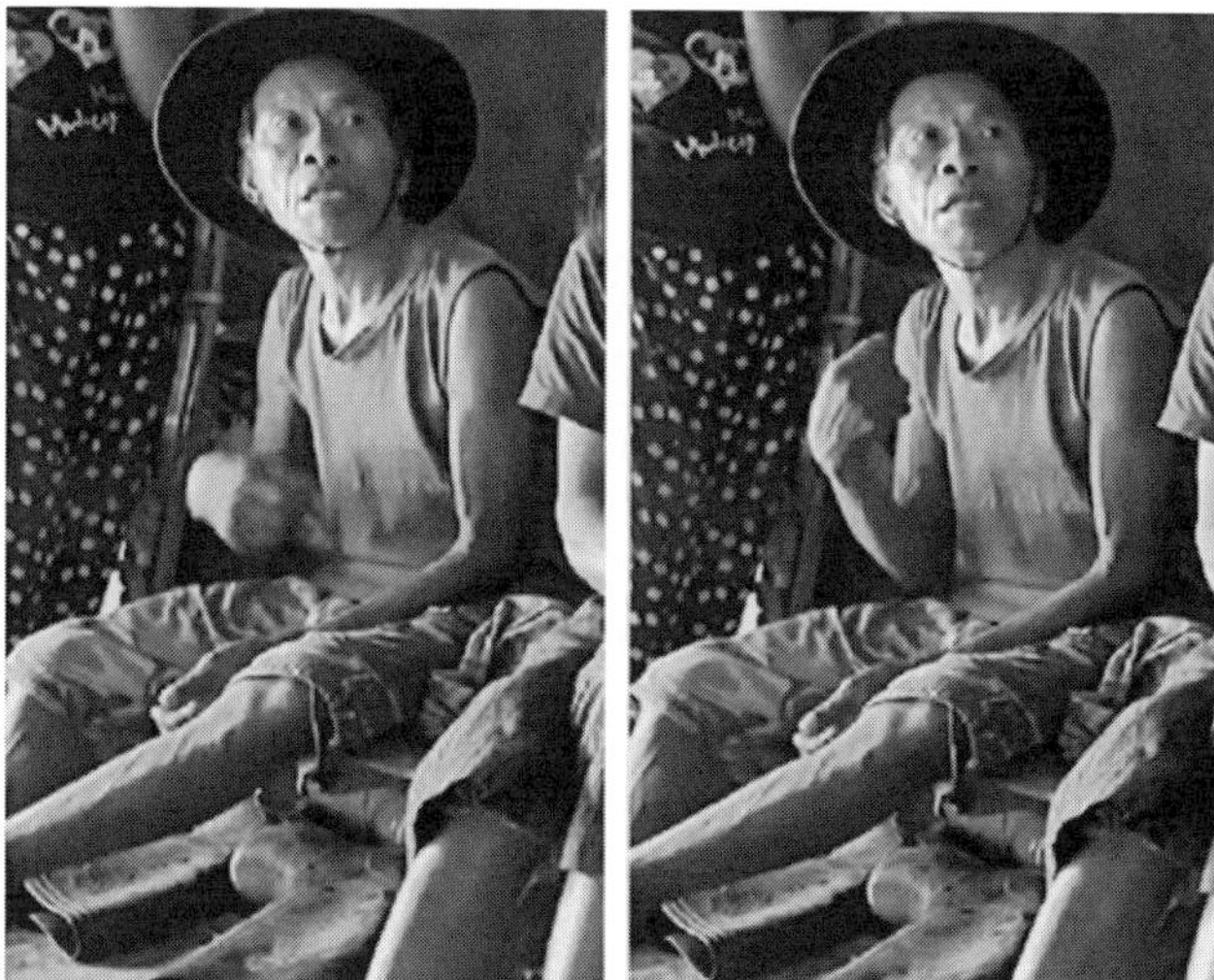

「心が上がる」のジェスチャー。胸の前で手を上に動かす [Wnuk & Ito 2021]。（撮影：筆者）

る／下がる」は「動／静」に関係なく、「好／悪」を表すのだ。

結果として、動的か静的かにかかわらず、心理学的に良い感情に結びつくものは「心が下がる」、悪い感情に結びつくものは「心が上がる」と表すことから、ムラブリの感性には、〝UP is UNHAPPY〟と〝DOWN is HAPPY〟の概念メタファーがあると言えるかもしれない。

また、ムラブリ語には「興奮」などに相当する語がない。狩りや性交、祭りなどで感じる感情は、ぼくたちからすれば「興奮」と呼べるものだろう。しかし、ムラブリはそれらの感情を言葉で表すことをしない。「狩りに行くときの感情はなんという？」と質問しても、ぼくの意図がよくわからないようだった。あたかも「ジャック　クェール（狩りに行く)」という言葉に、行為も感情もひっくるめて表現されていると言わんばかりだ。

ムラブリ語には「感情」も「興奮」もない。ムラブリが行為から感情を分離する感性がないとも捉えられる。「心が上がる/下がる」も、ある種の身体的な行為に近い感覚として見るべきなのかもしれない。

これはムラブリの感性を紐解く大きなヒントになる。感情は直接観察することができない。しかし、ムラブリ語という体系を通して、彼らの感じている世界を想像することはできるかもしれないのだ。

ムラブリの幸福観

そもそも、ムラブリは自分の感情を表すことがほとんどない。森に生きていた時代、彼らは他の民族との接触をできるだけ避けてきた。森に息を潜めて暮らすなかで、必然的に感情を表に出すことを慎むようになったのかもしれない。実際、まだ森の中で遊動生活しているラオスのムラブリは、タイのムラブリに比べて表情がずっと乏しく見えた。大きな瞳は黒く深く、一見なにを考えているかわからない感じがして、少し怖いと感じることもあった(ラオスのムラブリについては、第5章でくわしく触れる)。

　こんなエピソードがある。教員時代に大学の学生をムラブリの村に連れて行ったときのことだ。旅行気分があったのだろう、学生たちが盛り上がって少しうるさい夜があった。そんなとき、1人のムラブリの男性がそろそろとぼくに近寄ってきて、こう言った。

「わたしは怒っているわけではない、本当だよ。けれどあなたたちが大声を出すと、村の子どもたちが怖がるかもしれない、怖がらないかもしれない。わたしは怒っているわけではないよ、本当だよ」

　彼はぼくらに「静かにしてほしい」と伝えようとしているのは明らかだ。しかし、その言い方はとても繊細で、臆病にさえうつる。遠回し過ぎてなにが言いたいのかわからないほど、ささやかな訴えになっていた。繰り返し、「わたしは怒ってはいないよ、本当だよ」と挟みながら、言いたいことを伝えようとする光景は、ムラブリと暮らしていると珍しいものではない。ムラブリ同士でも、相手になにかを主張するときには、この言い回しをたびたび聞くことができる。ムラブリにとっては、なにかを主張したり感情を相手に向けることは、よっぽどの一大事であることが窺い知れる。

　感情を表すのをよしとしないなら「心が上がる」、いわば感情が迫り上がってくる事態は、避けるべきこと、悪いことと捉える感性があっても不思議ではないだろう。

　そんな感情を表に出さず、「心が下がる」ことをよいとするムラブリと長年一緒に

森の中でタバコを吸う「チルい」タラナー。（撮影：筆者）

いて、ぼく自身も感情の表し方が変化している。たとえば、友人と出かけていると、突然「怒ってる？」と確認されることが増えてきた。そんなときはたいてい真逆で、ぼくはむしろ機嫌よくすごしている。友人が言うには、「顔に表情がないから、怒ってるのかと思った」ということらしい。楽しいときに、ニコニコしていないと、怒っていると思われるようだ。ぼくはその期待とは反対に、気分がいいと口数が少なくなり、表情もぼーっとしてくるようになった。それが日本人の感性では「不機嫌」とみなされることがあるのだろう。ムラブリの「心が下がる」は、少し日本人の感性から離れているかもしれない。ただ最近では「チルい」という言葉が日本で流行していた。「脱力した心地よさ」は、ムラブリの「心が下がる」に通じるところがあるように思える。森の中でタバコを吸うムラブリの姿は、最高に「チルい」。

ファイホム村でムラブリと住むウドムさんから聞いたおもしろい話があるので紹介

しよう。

タイのムラブリは現在いくつかの村に分かれて生活しているため、親族と離れて暮らすムラブリは多い。別の村に行くときは、歩いて行くのは遠いため、車の運転できるウドムさんに「会いに行きたいから連れてって欲しい」とお願いしてくることがよくあるそうだ。何度も何度もお願いされるので、ある日ウドムさんは仕事を休んで、車を出すことにした。ピックアップトラックの荷台に、老若男女、たくさんのムラブリを乗せて、3時間ほどかけて北にあるターワッ村へ遊びに行った。散々「会いたい会いたい」と言っていたから、さぞ喜ぶだろう、ウドムさんはそう思ったらしい。

ターワッ村は小さく、3つの家族だけが住んでいたから、その村総出で歓迎された。けれど、あれだけ会いたいと騒いでいたムラブリたちが、いざ再会してみると、ちっとも喜んでいるように見えない。少なくとも外側から見える仕草や言動からは、うれしそうに見えない。ハグなどの身体接触がないのは予想できたけれど、一緒にご飯を食べたりもしないし、会話が盛り上がる様子もない。ただ一緒に横にいて、顔も見ずに座っているだけ。1時間もしないうちに、会いに行きたいと言い出したムラブリ男性が「いつ帰るんだ」と言い出す始末。結局、その日は着いて1時間程度で帰ったそうな。

ウドムさんとしては、久しぶりの再会に喜ぶムラブリの姿を期待していたのだろう。けれど、ムラブリの感性は「DOWN is HAPPY」だ。自分の視界の端に会いたかった人がいる。その距離感で十分なのだろう。そのときの「心が下がる」気持ちを、わざわざ他人にもわかるように表に出す必要を感じない。それどころか、それを表に出すのは「心が上がる」こととして、慎んでいるのかもしれない。そう考えると、このエピソードも微笑ましく思えてくる（往復で6時間も運転したら違うかもしれないけれど）。

現代人の感性として、一緒に笑い、騒ぎ、抱き合って、ポジティブな感情を表現して認め合うことが幸せであり、感情は外に出してこそ、誰かに知られてこそ、より幸福を感じられると信じられているようだ。人々のSNSに対する情熱を見れば、それは明らかだ。仲間とはしゃいだときに感じる楽しさはぼくも知っている。けれど、それはひとつの信仰でしかない。感情のあり方や表現の仕方に、絶対の正解はない。ぼくらが「幸福」だとありがたがるものは、ごく最近にはじまった一時的な流行りに過ぎないのかもしれない。

写真を用いた調査で、タシーが「心が下がる」と言った写真に、丸太が積まれている写真があった。間違いだと思って聞き直したが、タシーはたしかに、丸太が積まれている写真を見て、「心が下がる」と言う。「いい木がたくさんある。よいことだ」という理由だった。

誰かといることでも、他人に認めてもらうことでもない幸福が、タシーを含め、ムラブリには見えているように思えてならない。そしてそれは、ぼくにとってもどこか懐かしさを感じられる類のものだ。森から雲が生まれている。風が穏やかに顔を撫でている。太陽が照って背を温めている。ムラブリ語の「心が下がる」瞬間は、学術的には異端とされるけれど、人類史的にはごくありふれた心の風景なのかもしれない。

暦も年齢もない？

スケジュール帳を開くと、予定がびっしり書かれている。それを見て、ため息をつきながらも、どこか安心している自分がいる。忙しいと充実感を覚える感性がぼくにはある。人に必要とされている気がするのだろうか。何十年も先の予定まで考えて、保険をかけたりもする。10年先もぼくが生きている保証はなにもないのに、変な話だ。

スケジュールを組めるのは、暦があるからだ。では、暦がなかったら、ぼくたちの生活はどう変わるだろう？　暦のある社会で生まれたぼくらが、暦のない生活をするのはほとんど不可能に近い。その代わり、暦のない社会で生きる人がどのように生きているかを知ることで、想像できるかもしれない。

ムラブリは暦を持たない。まず、曜日がない。1週間を単位とする日の数え方は、森に暮らしているなら不要だろう。月はあるが、1カ月が何日かは人によって異なる。つまり、気にしていないのだ。年もあるけれど、森で生まれた人たちは自分が何歳かを知らない。年は彼らにとってあまり重要な概念ではないことがわかる。季節はいくつかあって、雨が降る季節、乾く季節、日差しの季節がある。人によって呼び方は異なる。それぞれの季節で森の顔が異なり、採れるものが違い、出会う動物も変わるのだから、森の生活で季節が大事なのは想像できる。しかし、ムラブリにとっての季節は、森の様子ありきの表現だ。「7月からは夏」という暦ありきの表現ではない。ぼくらは「もう7月だから夏なのに、涼しいね」などと平気で言ったりする。季節を変化させているのは、人ではなく天だ。人のつくった暦で区切り、あたかもその区切りに沿って天気が変わると考えがちなぼくら。ムラブリにはさぞ不思議に映るだろう。

曜日も月の名前もないが、現在からどれだけ離れている日なのかは、不思議なことに細かく分けて表現する。一昨日、昨日、今日、明日、に加えて、明後日、明明後日、さらに4日後、5日後まで単語がある。ほとんど使わないのに、そこだけは規則的に語彙が存在する。昔は必要だったのだろうか?

ムラブリは暦を持たないが、「人の暦」はある。成長段階を言い分けるのだ。もちろん年齢で区分するわけではない。森生まれの人は自分の正確な年齢を知らないから、あくまで成長段階による区別だ。生まれたばかりの子どもは「赤」を意味する「レーン」と呼ばれる。日本語の「赤ちゃん」に通じるのがおもしろい。首が座り、まだ歩けないくらいの子は「チョロン（幼い子）」と呼ばれる。響きが可愛いからお気に入りだ。歩き回る時期になると「アイタック」と呼ばれる。「小さい」という意味だ。「アイタック　ゴム　ングン（小さいの、遊ぶな）」というセリフは毎日のように村で聞かれる。その後はもう「大人」となり、「ナク　フルアック」という。だいたい第二次性徴以降を指すため、年齢としては10代前半くらいだ。「老人」を指す語もあり、これは「白い」を変化させた語彙で、おそらく白髪のことを言っているのだろう。

森生まれの人は自分の年齢を知らないと書いたが、そもそもムラブリ語には数詞が1から10までしかない。また、「4」は「たくさん」の意味にもなる。1、2、3、たくさん、の世界だ。だから、「大人」はみんな「4歳」である。

ムラブリのなかでは、数詞を1から10まで数えることができる人は稀だ。みんな途中で間違えている。1から10まで数えられることは知的威信を示す手段であるらしい。とくに男たちは酔っ払うと、こぞって数を数えたがる。そしてほとんど失敗に終わる。途中が抜けたり、同じ数字を二度繰り返したりしていて、最後までたどり着くことは少ない。ムラブリ語の数字はなにかを数えるものというよりも、宴会芸の一種と考える方が正確な理解だろう。

ちなみに、ムラブリの男は時計をつけるのが好きだが、ほとんど電池が切れて止まっているか、時間が間違っている。時計をつけていること、時計を読めるということがステータスなのだろう。刺青で腕に時計を彫っている男性もいるくらいだ。ちなみに、タケーオもその1人だ。

森の生活では、大きな数は必要ないし、時計もいらない。けれど、その余計なものがきらめいて見えるのが人間なのだろう。無駄なことができたり、持っていたりすることに価値を見出すのは、ある種の普遍的な人間の特徴なのかもしれない。ちなみに、女性には数詞を10まで数えたり、時計を見せびらかす人はまずいない。一度、あるムラブリ女性に数詞を尋ねたら、タイ語で言えばいいだろう、と返された。女性にモテるわけでもないのに、数を数えたり、読めない時計を着けたりするのは、男社会のあるあるだ。バカバカしいのだが、ぼくが男なのもあって、どこか憎めない。

過去と未来が一緒?

時間にまつわる表現も、ムラブリ語は独特だ。とくにアスペクトがおもしろい。アスペクトは、日本語でいう「食べる」と「食べている」の違いの話などが相当する。

英語だと進行形や完了形などだ。

ムラブリ語のアスペクトは多くない。もっともよく用いられるのが「ア」という形式だ。この形式の表す局面が不思議なのだ。日本語でいうところの「もうした」（過去）と「これからする」（未来）のどちらかを表す。前者を「完了相」、後者を「起動相」と呼ぶ。聞き慣れないかもしれないが、ここではこの名称を使わせていただく。

余談になるが、言語学的には、過去や未来などを表す形式は「時制（テンス）」と呼ばれ、アスペクトとは明確に区別される。テンスとアスペクトを別々に表す言語が多いからだ。たとえば日本語の「食べた」と「食べていた」は、時制は「過去形」で同じだが、アスペクトは異なる。少し、いやかなり混乱しやすいところで、ぼくもいまだに苦手である。また、ムラブリ語は時制と呼べる言語形式がない。あるのはアスペクトだけだ。現在か過去かは、時間を表す表現、たとえば「いま」や「昨日」などに依存している。これは東南アジア地域の言語には多く見られる特徴ではあるが、時制を表すのがあたりまえの日本語を話すぼくからすると、興味深い。

さて、ムラブリ語のアスペクトの話に戻ろう。ムラブリ語では、「ア」という形式が、「完了相」か「起動相」のいずれかを意味する。具体的なシチュエーションから考えてみることにしよう。たとえば、他の村からムラブリの男性Aさんがぼくの家を訪ねて来たと聞き、ぼくが家に戻ると、すでにAさんはおらず、一緒に来ていた彼の友人Bさんがこう言った。

「モイ　ア　ワール（彼はもう帰った）」

このときの「ア」は「ワール（帰る）」という動作が完了したという、完了相の意味で使われている。その後、ぼくはAさんが別の家にいるのを知り、そこでAさんと会うことができた。しかし、Aさんはもう帰る直前だった。それをぼくに伝えようと、家主Cさんがこう言った。

「モイ　ア　ワール（彼はこれから帰る）」

彼はまだ帰っていないから、これは完了相の意味ではない。これから帰ろうとする様子を指しているから、起動相の意味と解釈するのが妥当だ。このようにムラブリ語の「ア」という形式は、ある時は完了相であり、またある時は起動相として用いられている。さて、みなさんにも混乱してもらえただろうか。日本語の感性だと、終わったことと、これから起こることは、明確に区別される事柄だが、ムラブリ語ではそうではないのだ。

ここで、「もう終わったことと、これから起こることを同じ形式で表して、誤解は生まれないのか？」と疑問に思う方も多いだろう。ムラブリ語で話してみるとわかるが、これが意外と困らないのだ。文脈でほとんどわかってしまう。「昨日」や「これから」などの時間表現と用いられることも多いから、誤解を招くことはほとんどな

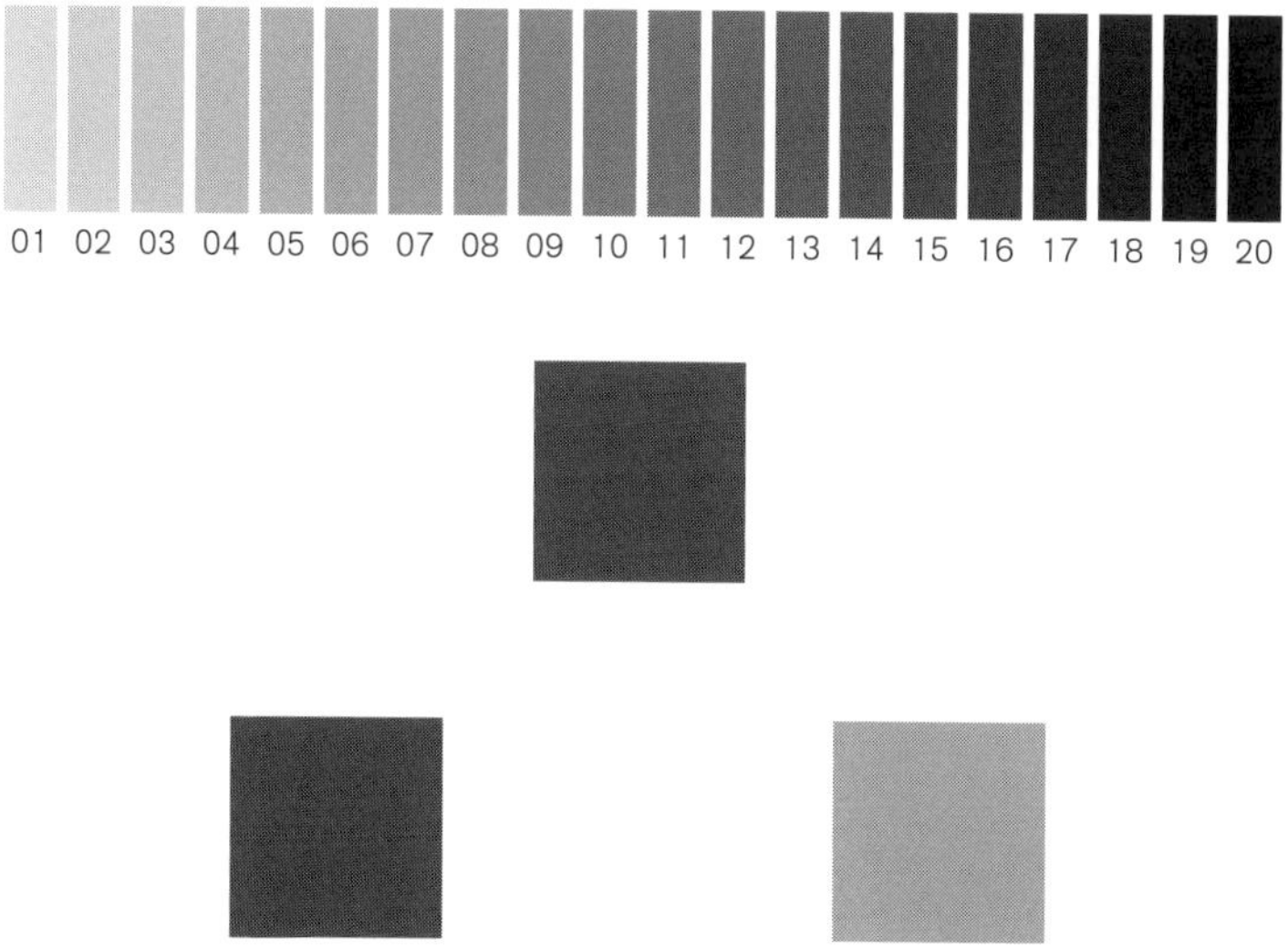

ロシア語の「青」の実験のイメージ図。

い。

しかし、実際の運用として混乱しないとしても、どうして終わったことと、これから起こることを同じ形式で表すのだろうか？　偶然の一致というパターンもありうるが、言語学者としてはなにかしら共通の認識があるからだ、と考えたくなる。多かれ少なかれ、言語はそれを話す人の世界の見方を形づくっているからだ。このような考え方は「言語相対論」と呼ばれ、「サピア・ウォーフの仮説」として知られている［サピア&ウォーフ　1995］。

たとえば、ロシア語には明るい青（goluboy）と暗い青（siniy）の2種類の青が存在する。明るい青から濃い青の20種類を用意して、英語話者とロシア語話者を対象に「中心の青と同じ青は下の2つのうちどちら？」という課題が出された。

すると、ロシア語話者は、下に2つ表示される色が、片方が「明るい青」の範疇で、もう一方が「暗い青」の範疇の場合、そうでない場合よりも速く回答することができた。つまり、ロシア語に青を区別する語彙があることで、ロシア語を話す人は青色に関する認知が、青を区別しない言語を話す人と異なることがわかったのだ［Winaver et al. 2007］。

これは単純な色覚判断のテストに過ぎないが、素朴に考えて、あらゆる領域で同様のことが起きていると想像することができる。ぼくたちが世界を見るとき、その見え方は話している言葉から思った以上に影響を受けているかもしれないのだ。

ムラブリ語を「真に受ける」

生物学者のユクスキュルが「環世界」という言葉に託したように、世界は人類の見えるものだけで成り立ってはいない［ユクスキュル 2005］。さまざまな動物や、昆虫、植物や微生物がそれぞれ感じる世界が、異なりながらも同時に存在する。ぼくもその数ある世界のうちのひとつに生きている。

人が世界を感じるとき、言語に大きく影響を受けていることはロシア語の実験からわかる。ぼくは日本語話者だから、世界を見るときには、どうしても日本語に縛られる。その縛られた世界のなかで、たとえばムラブリ語は変だ、などと言うのは不公平だろう。日本語もムラブリ語も、ひとつの世界の見方として平等であり、優劣はない。世界は言語の数だけ存在する。それを認めて初めて、ムラブリの見る世界への旅がはじまる。

ムラブリの見る世界と接続するため、ムラブリ語の完了相と起動相を同じ形式で表す感性を「真に受ける」ことにしてみよう。「真に受ける」とは、どれだけ奇異に見える習慣や風習、体系だとしても、自分に元々備わっているものかのごとく扱う態度のことだ。対象を外部にあるものとして観察し分析するのではなく、自分ごととして「真に受ける」。その過程で自身に起こる感覚や現象を一次資料として扱おうとする試みである。語学の工夫でよくある「その言語で考える」をもう一歩進めて、「その言語で感じる」ための試み、と言い換えてもいい。多かれ少なかれ、語学をする人はやっているることだろう。

ぼくは、ムラブリ語で感じる生活をしばらく続けて、アスペクト形式「ア」を「真に受け」てみた。あまり頭で分析しすぎずに、ただ使ってみて、相手の反応を見たり、自分の内面を観察したりする。しばらくすると、「ア」の使い所や語感がつかめてくる。その経験に基づいて考えると、「ア」のポイントは、「いま、ここで起こって

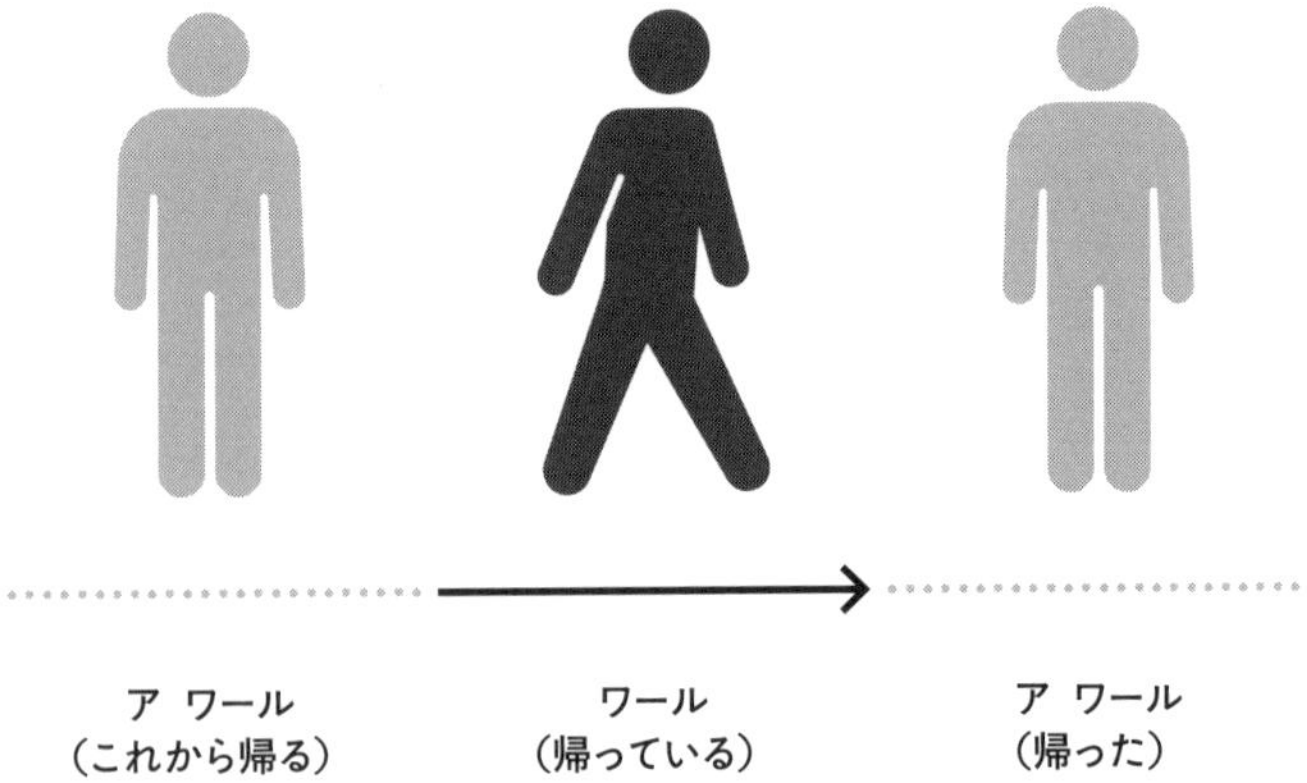

「いま、ここで帰っている」ことが通常？

いないこと」にあるようだ。

たとえば、先の例に出た「ワール（帰る）」という動詞では、ある場所から元いた場所に移動することを表すが、「ア」が用いられている「ア　ワール」、つまり完了相「帰った」と起動相「これから帰る」は、どちらも「いま、ここで起こっていない」という点で共通している。これは、帰っている最中は「ア」が付かない「ワール」と言われることからもわかる。図で示すと上記のようになる。

言語学には、「無標／有標」という考え方がある。簡単に言えば、なにも付いていないものが通常であり、なにか付いているものは特別だ、という捉え方である。ムラブリ語は「いま、ここで起きている」動詞にはなにも付けずに表す、つまり無標である。一方で、「いま、ここで起きていないこと」については「ア」を付けて表すから、有標である。この言語学的事実から、ムラブリは「いま、ここで起こっていること」が通常で、そうでないことは特別と感じると考えられる。

笑うムラブリ

一般的に、人間の言語は「いま、ここ」を超えて物事を伝えることができる、いわゆる「超越性（displacement）」を持つとされている。一方で、南米のピダハン語を研究するエヴェレットは、ピダハン語には超越性はないか、それほど重要ではないと主張している［エヴェレット　2012］。

たとえば、ピダハン語には「イビピーオ」という形式がある。ピダハンの人々は、飛行機が飛んでいるのを見て「飛行機がイビピーオしてる」と言う。また別の場面ではマッチが燃えているのを見て「マッチがイビピーオしてる」と言う。ぼくがムラブリ語の「ア」の意味に悩んだように、エヴェレットも「イビピーオ」の意味に悩んだようだ。エヴェレットの出した結論は「直接経験」という解釈だった。飛行機が頭上を飛んでいる、マッチが目の前で燃えている、それをわたしは直接経験している。ピダハンはその感覚を「イビピーオ」と呼んだのだ。つまり、ピダハンは超越性の逆、いわば「現前性」をより重視している。

ムラブリも現前性を重視していることが「ア」の形式からみてとれる。

ムラブリもピダハンも狩猟採集民であることが関係しているかもしれない。ピダハンの社会にも暦はなく、先のことまでは考えないらしい。ムラブリの考えや行動を見ていると、ぼくもそう感じる。

それはムラブリと明日の約束をしようとすればすぐにわかる。ムラブリに「明日は空いてる？」と聞いても、「イオーイ（わからない）」と返ってくるだろう。朝方に「今日の昼空いてる？」と聞いても「イオーイ」だ。

運よく前日に「明日は家にいてね」と約束を取りつけたと思っていても、次の日に家に行くと、もう出かけてしまっていることはしょっちゅうだ。ムラブリは、そのとき、その場所でどう動くかを自分で判断している。約束は過去のことだから、「いま、ここ」で起きている現実に比べれば、現前性がずっと弱いのだろう。

そんなムラブリに対して、ぼくは苛立ったり、納得できないでいたが、それはムラブリも同じようで、ぼくが明日とか来週とかに約束をしようとするとき、彼らは「イオーイ（わからない）」と言いながら、どこかでぼくを笑っている。「来年のことを言えば鬼が笑う」と言うが、暦を持たないムラブリにとっては「来年」も「明日」も同じことだ。「いま、ここ」でないことを口にすることは、それだけ「いま、ここ」を蔑ろにしていることである。「明日のことを言えば、ムラブリが笑う」のである。

そんなムラブリも、最近では「いま、ここ」の感性が薄れつつある。定住をするようになり、換金作物の栽培を手伝うようになってから、計画性が求められるようになったからだ。そのせいか、ムラブリにも自殺する人が増えた時期があった。農薬を飲んで自殺するのだ。なぜムラブリが自殺するのか、ある男性は「グット　タール（長く考えたから）」とだけ答えてくれた。

未来のことはわからない。過去のことは取り返しがつかない。どちらも「いま、ここ」という現前性の観点からすると、あるようでないものだ。あるようでなく、ないようであるもの。ぼくにとってそれは、まさしく言語にほかならない。ぼくであれ、ムラブリであれ、あるのかないのかよくわからない言語の見せる世界の中で、日々を生きている。

コラム❸ 自殺した女の子

いまはだいぶ落ち着いたが、ムラブリの間で自殺者が増えた時期があった。そのほとんどが農薬を飲んで自殺した。農薬を飲んでの自殺は悲惨で、かなり苦しんで死んでいくらしい。理由は人間関係であったり、他の民族にレイプされたことだったり、借金が返せなかったりなど。女性が多いが、男性もいる。

ぼくが修士課程のとき、調査を手伝ってくれた女の子がいた。日本でいうと高校生くらいの女の子で、外国から来たぼくがおもしろいらしく、用はなさそうなのにいろいろと話しかけてくる。どうせならと調査を手伝ってもらうことにした。そのころは、まだ村の人たちの名前を覚えられていなかったから、その子と一緒に村の人たちの名前と家族構成などを聞いてまわった。まだぼくはムラブリ語を満足に話せず、タイ語で調査をしていたので、その女の子がいてくれて助かった。

ぼくは鈍感な方だが、その子が自分に気があるのはわかった。でも、そのときぼくは日本に恋人がいたし、調査地で恋人をつくる気はなかった。面倒なことになると嫌だからだ。そもそも、その子は若過ぎた。しかし、調査を手伝ってもらえるのは助かるので、男女の仲になるようなことは避けつつ、仲よくしていた。村の近くを散歩したり、ご飯を一緒につくったりした。なにを話したかは、いまはほとんど覚えていない。唯一覚えているのが、道端にある道路標識を読んで、意味がわからなかったから「どういう意味?」と聞いたら、「そのままの意味」という答えが返ってきたことくらいだ。

日本へ帰る日、彼女は「次はいつ来るの?」と聞いてきた。「また近々来るよ」とだけ伝えて、あっさりと別れた。このあたりはとてもムラブリらしい。

その後、ぼくはなかなかお金を貯められなくて、次の訪問まで1年くらい間が空いてしまった。久々に村に着いて、その女の子のことを聞くと、誰も「知らない」と言う。不思議だなと思っていると、タイ人の保育士さんから、その子が自殺したと伝えられた。農薬を飲んだそうだ。

その晩、寝床でパソコン作業をしていると、村の女の子3人が来て、「彼女のこと覚えてる?」と聞いてきた。自殺した子の友達だった。「覚えてるよ」とだけぼくは答えて、それ以上なにを言えばいいかわからず、黙っていた。すると、小さな声で「モイ アブール(彼女は死んじゃった)」とムラブリ語で言い合いながら、彼女たちは顔を見合わせている。彼女たちはどうやらぼくにわからないように、ムラブリ語で話しているらしかった。ぼくはムラブリ語がわかるし、保育士の先生から聞いていたから、彼女が死んでいることは知っていたけれど、やはりなにを言っていいのかわからず、黙ったままだった。しばしの沈黙の後、彼女たちは帰っていった。ぼくは作業を続ける気になれず、少し散歩をし、夜空を眺めて、戻って寝た。月の明るい夜のことだった。

第4章　ムラブリの生き方

2017年2月8日　午前10時

タロンとチャロンチャイに森へ連れて行ってもらう。

森へ行くときは、まずどこの森へ行くか相談する。車で行ける所まで行って、そこから森へ入っていく。今回は「アクスリン（背骨）」と呼ばれる山の尾根から森へ入っていくことにした。2人に森に泊まるか聞かれたが、少し怖気づいて日帰りにすることにした。ムラブリの2人は森に泊まることに対して心理的な負担はほとんどなく、むしろ高揚しているのがわかる。ぼくは森に行くと決まると前日から緊張する。靴下やら食べ物やらを入念に準備することで気持ちを落ち着かせる。

森では植物の調査をおこなった。植物の名前はこれまで村でもたくさん聞いてきたけれど、どの名前がなにを指すのかはあやふやだった。植物図鑑を見せながらの調査もおこなったけれど、写真ではわからないというムラブリが多く、正確性に欠けるとも思っていた。森で直接植物を見ながら調査するのがより正確だろうと思い、森で丸一日調査することにした。

森に入ると、ムラブリにはいろいろと目に留まるようだ。これはトンチン、葉でコップをつくる。あっちにサカン（木の一種、皮が薬になる）がある。この道から行こうか。いや、あの道の方がユウマには歩きやすいか。こんな調子で初心者のぼくを気づかってくれる。

今回のぼくの目標は、竹を見分けられるようになることだった。ムラブリにとって竹は重要だ。家にもするし、調理にも使う。タバコを吸うためのパイプも竹だ。これまでの調査で、ムラブリは「竹」を意味する単語を持たないことがわかった。「竹」という総称はなく、個別の名前しかないのだ。ぼくが知っている限りでは7種類あり、単語は覚えているけれど、どの単語がどの竹を指すのかはわからないでいた。今回の森での調査中に、どの単語がどんな種類の竹かを自分で見分けられるようにしたい。自分で見分けられるようになってから、論文にしようと思っていた。

最初に見つけた竹は黄色っぽく、節から細い枝がたくさん出ている種類だった。

「これはトックというんだ。細くて硬いからパイプをつくるのに使う。タイ人に売ると高いぞ。ただ中の空洞が狭いので、調理するのには向かない。匂いも強いから」

タロンがとても丁寧に説明してくれる。子どもにもこうやって教えていたのだろうし、タロンが子どものときに親からこんな風に教わったのかもしれない。ムラブリは森では饒舌だ。

その後もいくつかの竹について教えてもらい、少しずつ見分けられるようになってきた。ドゥルターンは青々しく、節が長い、お米を炊くのにちょうどいいが、家の柱には向かない。ミチンは香りがいいので、お米を炊くのにいちばん向いている。チャロンチャイはドゥルターンの方がお米を炊くのに向いていると譲らない。好みがあるようだ。

タロンが上を見上げてチャロンチャイとなにかを相談している。木の上になにかを見つけたらしい。辺りを見渡し、繊維質の植物から即席のロープをつくると、それを使って木を登っていく。あっという間に10メートルほど登って、薬のもとになる蔦を切り取った。これを売れば50バーツくらいになるらしい。

その日、たくさんの戦利品を持ち帰って、データの整理をする。パソコン上の作業にはなるが、単語一つひとつがいまは森の中での体験と結びついている。論文を書くためなら、写真と単語だけでいいのだろうけれど、自分で覚えて使えるようにならないと気が済まないのはなぜだろう。理由はわからないが、その方がぼくにとって楽しいのは間違いない。

「物がとても多いね」

初めてファアイユアク村を訪れたとき、ぼくはスーツケースの車輪が潰れてしまうくらいたくさんの荷物を持っていた。そんなぼくの姿を見て、タシーは「物がとても多いね」と呟いた。

たしかに、ぼくは持ち物が多かった。バッグにはパソコンや録音機材、ノートに書類、筆記用具、衣類、洗面具など。村に持っていっても使わないものも多かった。

ムラブリの村から日本へ戻り、自分の部屋を眺めると、物が多くて嫌になってくる。どうしてこんな使いにくいフライパンを捨てずに持っているのか。もう着なくなった服をいつまでハンガーにかけているのか。本棚にある本の半分以上は、買っただけで開いてさえいない。

大学院生のころ、断捨離ブームや生き方としてのミニマリストが流行していたこともあり、自分の荷物を整理することがあった。「こんまりメソッド」というやつで、まずは衣類を一箇所に集めて、ひとつずつ手に持ち、自分がその服に〝ときめく〟かどうかを判断する。ときめけば取っておき、ときめかなければ「いままでありがとう」と言って手放す。ときめかなかったものは、誰かにあげず、自分の手で捨てる。これを、書類、本類、小物類など、ジャンル毎におこなうのだ。

一度この作業を徹底してやったおかげで、ぼくの荷物はとてもスッキリした。好きなものだけに囲まれ、とても気分がよい。掃除も簡単だし、なにより自分が持っているものを把握できている感じは、ぼくを落ち着かせた。

当時、「ムラブリセット」と呼んでいたバッグ一式があった。日本で普段過ごしている格好でムラブリの村へ行くことはできない。靴は汚れてもいいものにはき替え、服は昔の部活で着ていたものを着る。財布などもタイの市場で購入した安いものを別で用意していた。それをひとつのバックパックにまとめておき、タイに行くときにはそれを持っていけば事足りるようにしておいたのだ。バックパックひとつが満タンになる程度で、当時のぼくはそれがとてもスマートなやり方に思えて誇らしかった。ズボラな自分でも用意周到なことができている。そう思っていた。

しかし、バックパックひとつだけのぼくを見たムラブリは、やはり「グルア ヒクシエ（物がとても多いね）」と言うのだ。手厳しい。たしかに、バックパックには簡易ウォシュレット、虫除け、小分け用バッグなど、普段は使わない物もまだまだ入っていた。なにより、ムラブリの身軽さとは程遠い。

ムラブリは森に行くときでも、本当に身軽だ。腰に刃物を差す。以上。それだけなのだ。採集した芋などを入れるカゴが欲しければ、森に生えている竹を切ってあっという間に編んでしまう。ロープなんかも繊維質の植物を見つけてはひまつぶしがてらつくる。もちろん、寝ようと思えば寝床をつくって焚き火をし、食べ物を採ったり捕ったりする。すべて現地調達だ。そうでないと森では生きていけない。ぼくはといえば、普段は被らない帽子を被り、長靴をはき、換えの靴下を用意して、タオルを首に巻き、水筒を満タンにして、もしものときのためにアルミホイルに包んだ塩やチョコなんかを荷物に忍ばせておく。それでようやく森へ行こうかどうか迷うくらいだから、本当にぼくはムラブリと同じ生き物なんだろうかと、愕然としてしまう。

とはいえ、そんなムラブリも村にある家の中はごちゃついている。とくに服や布類が家の隅に山積みになっていることが多い。整理されているとはお世辞にも言えない。しかし、そのごちゃつき具合はムラブリとぼくの部屋ではどこか様子が違う。物との関係、距離感が異なるように感じるのだ。ぼくは断捨離をしてから、多くの物に囲まれると、ストレスを感じるようになった。しかし、ムラブリは山盛りの衣服の横で、ほとんど森の中にいるときと変わらないくらい、落ち着いている。物に囲まれていても、ぼくの感じているようなストレスがないように見えた。いったいなぜだろう。

所有と匂い

ぼくは言語学者なので、言語から考えてみることにする。「物」という概念は、よくよく考えると抽象的で広い意味範囲を持つ。実際、日本語の「物」に相当するムラブリ語は複数ある。たとえば「ドゥー」という語が挙げられる。「ドゥー」は単独では使えない語で、抽象的な意味を持ち、「なにか」のように訳すしかない。必ず大きさを表す接頭辞と一緒に用いられ、「チドゥー」と言えば小さい物。たとえば釘とか小石などを指す。「チャドゥー」は中くらいのもので、コップや鍋、または小動物まで指すことができる。もっとも大きいのは「ピアッドゥー」で、これは大型の動物を指す場合が多い。

もっともよく使われる「物」を指す語が、「グルア　ヒク　シェ（物がとても多いね）」のセリフにあった「グルア」だ。この「グルア」は主に衣類を指す。「サパットグルア（物を叩く）」という表現が、もっぱら「洗濯」を意味することからもそれはわかる。洗濯は、濡らした衣類を石などに叩きつけるから、そう言うのだろう。もともと「衣類」を意味する「グルア」が、その意味を拡張させて「物」を表すようになったと考えられる。日本語の「ご飯」が「食事」を指す関係に近い。これを「シネクドキ（提喩）」という。下位カテゴリー（衣類やご飯）が、上位カテゴリー（物や食事）を表す場合も、反対に上位カテゴリーが下位カテゴリーを表す場合もシネクドキだ。

シネクドキは、その社会における感性が反映されやすい。「お茶しに行きましょう」と言ってスターバックスでフラペチーノを飲んでも誰も変だと思わないのは、日本では「お茶」が「飲み物」の代表だからだ。「お花見」といえば「桜」であり、「酒」といえば「日本酒」なのも、日本語が日本社会を投影しているからにほかならない。

そのように考えれば、ムラブリ社会では、「物」といえば「衣類」なのだと想像できる。しかし、その「物観」はぼくのそれとかなり距離があるように思われる。衣類が典型的な物であるという感性は、一体どこから生まれるのだろうか。

ひとつ思い当たるのは「匂い」である。ぼくだけだろうか、誰かに服を借りたとき、いちばんにこれは借り物なんだなと感じるポイントが、匂いだったりする。他人の服を借りて着るとき、サイズが違ったり、自分では選ばないような柄や色であることよりも、匂いが異なることの方が、他人の服であることをぼくに感じさせてくれる。ぼくは高校時代に部活の遠征で旅館に泊まり、みんなと一緒に服を洗濯して、どれが自分のかわからなくなったとき、仕方なく匂いを嗅いで判断しようとして、顰《ひん》蹙《しゅく》を買った。犬や猫なども、匂いでマーキングをする。匂いは所有という抽象的な概念の入り口ではないだろうか。

そして所有のあるところに物が生まれると考えると、少し考えが整理されてくる。

自分の匂いのする服を着ているときは、その服はあたかも自分の体のように錯覚してしまう。言い換えれば、物としての存在感があまり感じられない。しかし、同じ服でも、それを人に貸して、洗って返してもらったとしても、どうしても服が慣れない匂いをまとっていることに気づいてしまう。自分とは違う匂いがあると、物っぽくなるのだ。そうなると、かつての一体感は消え、服の存在は無視できなくなる。そして、また自分の匂いがついてくると、服は体の一部になり、物らしさが失われる。つまり、慣れない匂いが、自分に属さない実感を生じさせることを通じて、服の「物」らしさを演出しているのだ。そう考えると、なぜムラブリ語で「衣服」が「物」を表すようになったのか、筋道が見えてくるような気がする。

また、所有を匂いと結びつけて考えるとき、ムラブリの村の匂いがきわめて均質であることが大事に思えてくる。ムラブリの村に少しでも滞在すればわかるが、どの家も似たような匂いがする。ムラブリのつくるバッグは、村にいれば気にならないが、日本に持ち帰ると、独特の匂いがあることに気づく。焚き火の煙で燻されていることが大きいのだろうが、家によって匂いが異なるということが、日本に比べてきわめて少ないのだ。村全体でひとつの匂いを共有しているようなところがある。

ある冬の寒い朝、体を縮こませながら顔を洗おうと村を歩いていると、お調子者のタケーオが下はふんどし、上は女子の着るセーラー服を着て歩いてきた。申し訳ないが、かなり笑ってしまった。周りの子どもたちも「キメーン（違う）」と笑っている。タケーオは少しバツが悪そうだったが、「ヒク　タカート（とても寒い）」とだけ言って、1日中セーラー服を着て過ごしていた。ぼくは見かけるたびに笑っていた。

当時のぼくは、セーラー服は女の子の着る服であることをタケーオが知らないから起きたアクシデントだと解釈していた。もちろんその側面もあるだろう。けれど、タケーオがセーラー服を手に取れる環境に要因があった、ということをぼくは見落としていた。考えてみてほしい。娘のセーラー服と、父のスーツが、取り違えられるような場所に保管されている日本家庭を想像できるだろうか。絶対にありえないとはもちろん言わないが、その数はとても少ないのではないだろうか。なぜか。匂いが移るからである。

そう考えると、タケーオがセーラー服を着た場面が見えてくるし、なぜムラブリが家の中に山盛りの服がありながら、それに圧迫されずに暮らしているかがわかると思うのだ。タケーオは朝起きて、寒かった。Tシャツでは心もとない。家の隅に積み上げられている服は、焚き火の煙でもれなく燻されており、どれも同じ匂いがする。そのなかから、手ごろな大きさの服を取って着た。ただそれだけだ。それがたまたまセーラー服だったに過ぎない。服はひとたび誰かが着て匂いがつくと、その人の「グルア」になる。しかし、どれだけ衣服が家の隅でうず高く積まれていようとも、煙で燻され、村の匂いにまぎれている限りは、「グルア」と感じられないのだ。匂いが同じで目立たなければ、衣類だろうが、鍋だろうが、なんだろうが、「グルア」ではなく「ドゥー（なにか）」であり、それは森の中でころがる石と存在感においては同等なのだろう。

森の中に住んでいたら、匂いの共有はなおさらだ。ムラブリの寝床は空間を閉じない。地面にバナナの葉を敷き、竹で柱をつくって、バナナの葉などで屋根をつくる。簡単な風よけにすぎないから、内外の境界は曖昧だ。風は常に吹き抜けており、煙が周囲を覆っている。その空間において、どこまでが自分の匂いであり、どこからが他者の匂いかを区別することは難しいだろう。

「持つ」と「いる／ある」が同じ？

ムラブリの所有観は、ムラブリ語の他の部分にも見て取れる。所有を表現する語は「プ」という。この動詞は他動詞の意味と自動詞の意味の両方が存在する。他動詞とは、主語だけでなく、目的語の必要な動詞だ。目的語は、その動詞の表す動作の対象となるもので、日本語だと「を」をつけて表す名詞句を指す。ムラブリ語の「プ」は他動詞の意味だと「持つ」と訳すことができる。たとえば、「オォ　プ　ユーック

（わたしは米を持っている）」などだ。

一方、自動詞は目的語を必要としない動詞だ。自動詞として用いられる場合、「プ」は「いる／ある」と訳される。たとえば、「プ　ユーック（米がある）」などだ。

言語学では他動詞と自動詞の区別は当然のことであり、その区別は自明に思える。しかし、ムラブリ語などの言語の場合、他動詞と自動詞の区別は必ずしも自明ではない。英語のように語順が厳しく決められているわけでもなく、日本語の「を」のような、主語や目的語などの名詞の文中での役割を示す語がムラブリ語には存在しないからだ。

オォ	**プ**	ユーック
わたし	**持つ**	米

訳：わたしは米を**持っている**

プ	ユーック
ある	米

訳：米が**ある**

試しに、以下の例文の「プ」は他動詞か自動詞か、考えてみてほしい。

「ブリッ（森）　プ　ラム（木）　シェッ（たくさん）」

これを自動詞的に訳せば「森には木がたくさんある」となる。他動詞的に訳せば「森が木をたくさん持っている」となる。どちらが正しいかは、言語学的には決めることができない、というのが暫定的なぼくの結論だ。つまり、「持つ」と「いる／ある」はムラブリにとっては明確に分けられていないかも

ブリッ	プ	ラム	シェッ
森	**ある／持つ**	木	たくさん

訳①：森には木がたくさん**ある**
訳②：森が木をたくさん**持っている**

しれないのだ。

ムラブリ語の所有にまつわる不思議は、これだけではない。これまでの研究でわかってきたことだが、所有を表す形式と考えられている「ディ」という形式もおもしろい。日本語の「の」、英語の〝of〟に近い。以下が例文だ。

「オォ（わたし） ディ（の） ジオン（父）」

一見、非常にわかりやすい形式に見えるかもしれないが、じつはこれはたんなる所有ではない。なぜなら、この「ディ」を用いて表すことができるのは、基本的に身体部位や親族だけなのだ。つまり、「ディ」の形式を用いて、「わたしの米」などの所有関係を表すことはできないのだ。「寝床」は例外的に言える。寝床は身体の延長として捉えられているのだろうか。

長年の調査から、「ディ」は所有を表す形式ではなく、「全体─部分」の関係を表すと考える方がより正確だとわかってきた。つまり、ムラブリが「オォ ディ ジオン（わたしの父）」と言うときは、「親子」という自身を含む関係を全体と見立て、父はその部分であることを意味している。一方で、たとえば「わたしの米」と言おうとしても、わたしと米を包括する全体を見立てられないため、「ディ」を用いることはできないし、言っても理解されにくい。こうした所有関係を表したいときは、タイ語の構文を借用するのがふつうだ。

　この言語的事実から、ムラブリの世界では所有という概念が日本語で見られるような直線的な結びつきでないことがわかる。人がいて、物があり、その二者が所有という関係で結ばれている。これがぼくの考える所有概念だが、その感性を一度横に置いておかなければ、ムラブリの所有に関わる感性には近づけない。深呼吸をしたのちに、ムラブリ語の世界を、ここでも「真に受け」てみる。ムラブリの見る世界をムラブリ語によって体験し、ぼくの所有の捉え方の変化をもってムラブリを理解しようとしてみる。

　さて、どんなことに気づくだろうか。まず、「いる／ある」も「持つ」も、なにかがどこかに存在しているという点では同じことに気づく。そう考えると、「プ」という動詞をわざわざ他動詞と自動詞に分けるのは、その区別を自明としているぼくの方のわがままだとわかる。では、なぜ日本語話者のぼく、もしくは言語学者としてぼくは「プ」を「持つ」と訳したくなるのだろうか？

「持つ」というのは、所有しているものがあり、所有されているも

オォ	**ディ**	ジオン
わたし	**の**	父

訳：わたし**の**父　※親子という全体が見立てられている

のがある、という関係性を示すものだ。しかし、所有するとはなんだろうか？　よく考えると、自信が持てなくなってくる。ぼくはたしかにたくさんの物を持っているように感じている。原稿を書いているこのパソコンは、ぼくの物だとぼくは考えている。なぜか？　ぼくがお金を出して買ったからだ。けれど、それは約束事にすぎない。パソコンの所有権に対して、ぼくがお金を払ったことは証明できるが、そもそもそのパソコンの所有権はいつどこで発生したのか？　パソコンを組み立てた瞬間だろうか。なにでできているかくわしくは知らないが、元々はさまざまな鉱物などだろう。それらの鉱物は、地面から人間が掘り出したものだ。その人が、その鉱物を誰かに売った瞬間に、地面の中にただ存在していたものが、誰かの所有物に転換していることがわかる。そう考えていくと、「所有する＝持つ」という概念は、人間の社会にしか存在しないことがわかる。

しかし、「存在する＝いる／ある」という概念は、自然の中にも見出すことができる。つまり、存在は常に所有に先立つのだ。存在するものしか、人は所有できない。所有は存在の一形態に過ぎないのだ。であるならば、ムラブリ語の「プ」は、「存在する＝いる／ある」と訳せば間違いないのだ。ぼくが「プ」を「所有する＝持つ」と訳せる例を躍起になって見出そうとするのは、ぼくが日本語の世界を抜け出せていないなによりの証拠だ。こんな簡単な文でさえ、日本語に満足に翻訳することはできない。それを悔しいと思わずに、「プ」と言うしかないんだな、と諦められたときに、ぼくはムラブリ語を「真に受ける」ことができているのだろう。

ロシア語の「青」の実験は、話す言語が世界の見え方に影響することを示していた。しかし、世界の見え方は視覚的なことだけではない。ぼくたちはいろいろな概念に縛られながら、生活を送っている。所有という、社会を成り立たせているきわめて基礎的と思える概念についても、その捉え方は多様だ。そもそも、その概念は不要なものかもしれない、という反省も生まれてくる。

ぼくはいま、「ムラブリセット」を持っていない。ムラブリの村で暮らす自分も、日本で暮らす自分も、区別がなくなってきている。持ち歩くものを最低限にし、訪れた場所にあるものに助けを求めながら生きることにしている。そうしているうちに、ムラブリから「グルア　ヒク　シェ」と言われることもなくなった。

いま思えば、「グルア　ヒク　シェ」は、物理的なことだけを言っていたのではないのかもしれない。頭には常に所有の概念がつきまとっていて、物と人との間に関係性の線を引こうと粘着していたぼくに対する、戒めの言葉だったのではないか。物も人もただ存在しているだけなのに、そこに所有関係の線を見出そうとするのは、いつも人の頭だ。森の中で焚き火を囲むとき、そのような直線的な思考に出番はないように思える。それぞれの存在は煙のように漂っており、燻し燻され匂いを共有し混ざり合っている。煙と匂いの織りなす森での存在のあり方を感覚するのに、所有の概念は潔癖で幾何学的過ぎるようだ。

「そいつ次第だ」

長年同じ場所に通っていると、当たり前のことだが、その場にいる人々は歳をとっていく。ある女の子は、ぼくが初めて村を訪れたときは、まだ小学生だった。

彼女は教室の優等生というタイプではなかったけれど、一歩引いて物ごとを見ているところがあった。広い視野で自分を見られるからか、斜に構えたところがあり、ぼくのことも胡散臭く思っていたようだった。

ぼくがいつもどおりムラブリ語を調べて村を歩き回っていると、珍しくその子が話しかけてきた。

「わたしたちの言葉を勉強して、なんになるの？」

流暢な標準タイ語だった。ぼくは「なんでだと思う？」と逆に質問してみた。

「わかんないけど、意味ないと思う。どうしてなの？」

ぼくは少し考えるふりをして、「話せるようになりたいからだよ」とムラブリ語で答えた。「ムラブリ語って美しいから」と付け加えた。その答えを聞くと、明らかに不機嫌そうな顔をして、その子はどこかに行ってしまった。まぁ、そんな子だ。

その子はよく、学校を卒業したら街へ降りて、レストランで働くのだ、と話していた。実際、彼女はムラブリのなかではかなり社交的だったから、ぼくは彼女なら街でも働けそうだと思っていた。小さい民族はまず女性から抜けていく、という事例をどこかで聞かされていたから、こういう女の子から村を離れるんだろうな、と勝手に思っていた。

ある日、半年ぶりくらいに村へ着くと、その女の子が妊娠していることを知った。彼女は10代後半になっていた。父親は彼女と同世代の男の子だが、一緒に住んだりする気はないらしい。その子は以前に比べて疲れているようには見えたけれど、外から見て取り乱している様子もないし、思い悩んでいる風でもなかった。周りの接し方も、特別に気遣っている感じもなかった。

ぼくはどう声をかけていいか迷ったけれど、話題を避けるのも変だったから、「妊娠したんだね、男の子？　女の子？」とだけ聞いた。「まだわかんない。女の子がい い」と答える彼女の顔は、びっくりするくらいムラブリのお母さんだった。ぼくは「そういうものなんだなぁ」と、なにかを理解したわけでもないのに、妙に納得してしまった。そしてなぜだか、安心もした。

彼女はその後、男の子を産み、その子の父とは別のムラブリ男性と結婚した。もう誰がどう見ても立派なムラブリのお母さんだ。

あるムラブリは一夫一妻を守らなければいけないと言う。それを破ると「ベートタルート（大地が裂ける）」とまで言う人がいる。「大地が裂ける」はムラブリにとって最大の厄災だ。けれど、別のある人は「重婚？　その人次第じゃない？」と言ったりもする。人によって言うことが違うのだ。

浮気をしているムラブリの女性の話を聞いたことがあるけれど、その女性はぼくの見る限りでは、肩身の狭そうな感じはなかった。1人の男性が2人の女性と結婚して、3人で住んでいる家も知っている。そういう人のことを、一夫一婦論者（?）のムラブリに話すとお得意の「イオーイ（わからない）」が飛び出す。そして決まってこう言うのだ。「カラム　ドゥ　モイ（そいつ次第だ）」。

ムラブリを調査していると、万事がそんな感じで、その人その人で言うことにバラツキがあり、ムラブリはこうだ！　と言い切ることがとても難しい。じゃあ意見の違いがあるからといって、ムラブリのなかで派閥があるのかというと、それもない。個人のなかには「こうすべきだ」という考えは少なからずあるようだが、それを他のムラブリに強要する場面には一度も出くわしたことがない。

宗教観についてもそうだ。ムラブリは基本的には精霊信仰で、人だけでなく空や木々などにも魂が宿ると信じているのだが、その他の宗教にも寛容だ。ファイユアク村ではキリスト教がゆるやかに受け入れられており、日曜のお昼は十数人のムラブリが隣町の教会に集まる。ただ、彼ら彼女らに同行してみても、説教を熱心に聞く人は村長のタシーくらいで、ほとんどのムラブリは教会で振る舞われる食事が目当てのようだ。あるムラブリの青年は、ぼくに終末論の話を知っているかと急に話しかけてきた。なにごとかと思って聞いてみると、どうやら彼は世界が終わるとき、生き残るのは森でも生きられる自分たちムラブリだ、と言いたいらしかった。一理あるが、その解釈がムラブリ独自のものであることは、言うまでもない。フアイホム村でムラブリと共に住む宣教師のブンジュンさんは、ムラブリへのキリスト教の布教を諦めたのだが、このような状況をみると、ムラブリが教義を拒んだからというよりも、伝えることが難しいと感じたためだろうと想像する。ムラブリは自分に都合のよいところだけを取り入れ、押し付けられそうな気配を感じればすぐ逃げる。一人ひとりが異なる信条を持つのが当たり前だし、さらにそれも時と場合によっては変わりうると捉えるのがムラブリ流だ。

ちなみに、人を殺すことは、ムラブリにとってもちろんご法度だ。「人を殺すムラブリは昔はいたが、彼らはお互いに殺し合って絶滅した」という話が残っている。実際、ムラブリは暴力を嫌い、なにか人間関係でトラブルがあっても、争うよりは距離を置くことを好む。彼らなりの処世術だろう。けれど、暴力がまったくない訳ではない。

あるムラブリの青年が、父親を殴り殺してしまった。酔っ払っていたこともあり、怒りで我を忘れてしまったようだ。気さくな青年だったから、驚いてしまった。警察沙汰になり、刑務所に入ることになったが、2年ほどして、村に戻ってきた。

「人殺しをするムラブリは悪いムラブリだ」という話がまだ力を持つ集団の中で、殺人を犯してしまった彼がどんな扱いを受けるのだろう、と思っていたが、誰も彼を追い出したりしなかった。ある男性にそのことを聞くと「彼がこの村にいたいのなら、いてもいいだろう」ということだった。

自助と共助の共同体

昔の記録にもあるが、ムラブリは歳を取って夫や妻を亡くすと、1人で暮らすようになる。彼ら彼女らの生活を、誰かが手助けすることはない。それは現代でもそうだ。ムラブリは老人になったからといって、敬われたり、養われたりすることはない。もちろん年金もない。孫や息子たちが介護するようなこともない。みながみな、まずは自分で生きていくというのが前提の社会だ。

たとえば、薪を集めるのも各々でやる。村での生活に薪は必須だ。毎日焚き火をするので、かなりの量の薪が必要になる。小さい木はすぐ燃えてしまうから、なるべく太くて立派な薪を用意することが多い。

ある夏の日、あまりにも暑いのでぼくが木陰で休憩していると、最長老の1人のムラブリのおばあさんが、薪を担いで村の坂をのぼっているのが見えた。そのおばあさんは、身長は150cm程度、ぼくの腕より細い足で、ぼくの胴体ほどもある薪を背中に担いでいた。額には玉のような汗をかいていた。ぼくはその見かけによらない逞しさにも驚いたけれど、もっと驚いたのが、周りの人がほとんど手助けしようとしないことだった。周りでは子どもたちが遊んでいたり、大人も何人かいて、タバコを吸ったりしている。けれど、誰もそのおばあさんを助けようとしないのだ。ぼくは周囲の人を薄情だと苛立って、おばあさんのうしろを押して手伝ったのだけれど、おばあさんはとても驚いていた。家まで送ると、「アルム　バイトゥルナーップ（大き過ぎる）」とだけ笑って、そのおばあさんは横になって休んだ。1人で暮らしている家だった。

おそらく、ぼくがおばあさんを助けたのは、余計なお世話だったのだろう。おばあさんは薪を運ぶことができたし、もしそれができないなら、誰かに助けを求めただろう。周りの人がおばあさんを助けなかったのは、彼らが薄情なのではなく、彼女が助けを求めなかったからに過ぎない。

ムラブリには、助け合いはむしろいっぱいある。ムラブリは誰かのものを独り占めするということはない。何度か、お土産に生きている豚を街で買い、車に乗せてムラブリに贈ったことがある。豚が届けられたことを知ると、そのときいる大人全員が集まって、いつこの豚を屠殺するかを相談する。なるべくみんながいる頃合いを探すのだ。

あるときの豚の解体シーンはこんな感じだった。

その時期は畑仕事の忙しい時期だったため、みんなが出かけてしまう前に豚を殺すことになった。まず、毛を焼くための火を起こす。火を起こす場所は、水場の近くだ。火が十分に大きくなると、繋いでいた豚を火の近くまで連れて行く。この時点で豚は勘づいているらしく、大きな声で鳴き、抵抗する。早朝の暗い村に豚の鳴き声が響き、ムラブリが目を覚まして集まってくる。みな明らかに喜んでいて、恐怖に慄いている豚を見て興奮しているのがわかる。

豚が動けないように足を縛り、横たわらせると、薪として取ってきたであろう丸太を持ち出し、眉間をドンッと叩く。一度で死ぬことはなく、何度か叩いて止めを刺す。糞尿が出たら水で流し、焚き火の上に置いて毛を焼く。毛がある程度焼けたら、水をかけながら刃物で毛を削ぎ落としていく。十分に毛が落ちたら、バナナの葉を地面に敷き、その上に仰向けに寝かせて、まず首に切れ目を入れて血を抜く。血は桶に取っておく。血も食べるからだ。血がある程度抜けたら、腹を縦に裂いて、内臓を取

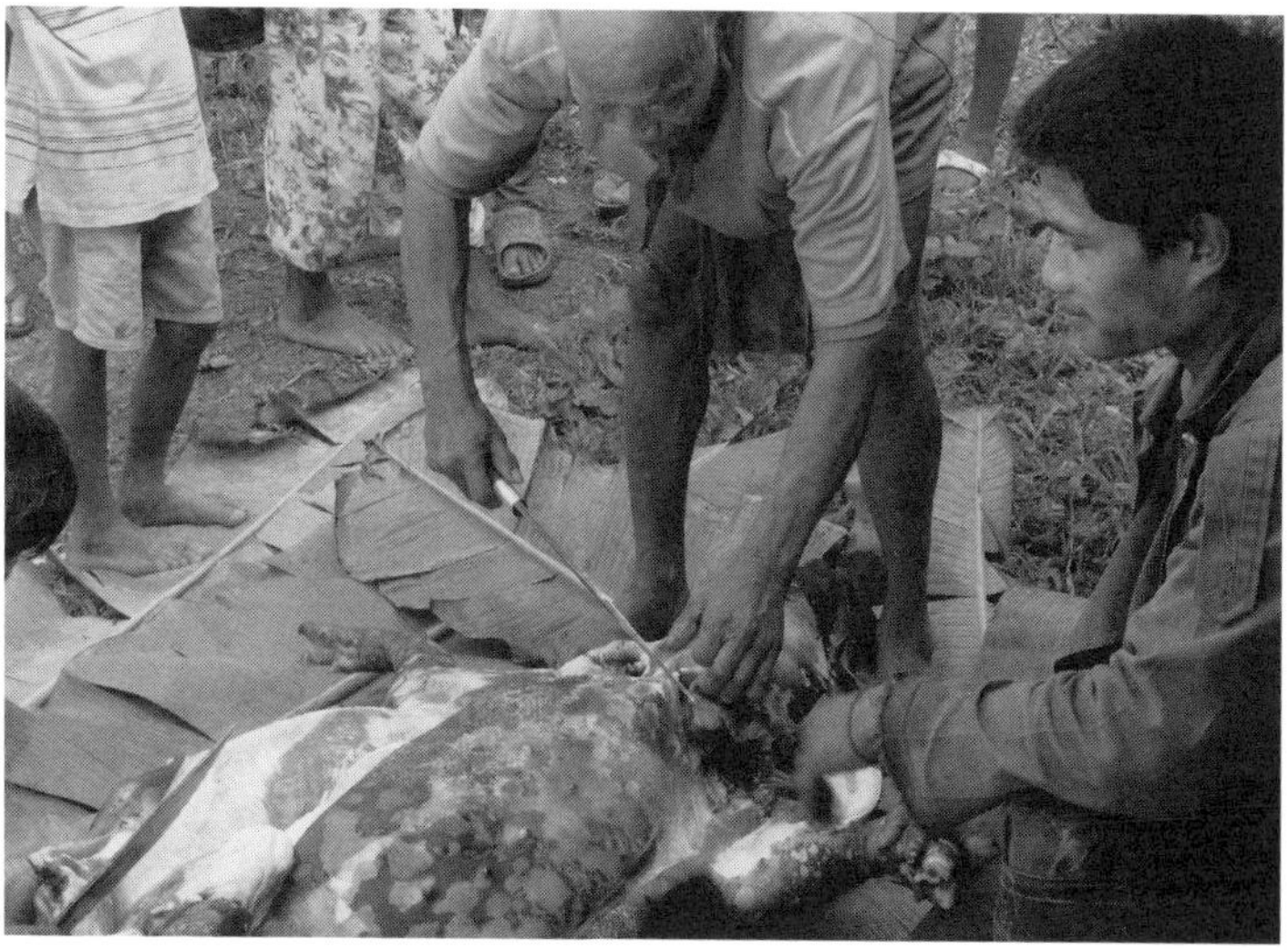
豚を解体しシェアリングするムラブリ。（撮影：筆者）

り出す。腸は破けないように慎重に取り出す。内臓を取り出した箇所は水でよく洗い、頭、手足を切り離して、肉の塊に分けていく。

豚に刃物を入れる作業はすべて男性がおこない、火を焚いたり、バナナの葉を用意したりするのは女性だ。肉を切り分けている男性が「誰がいる？」と質問すると、誰がいて誰はいない、などの話があり、必要な数だけ、バナナの葉とお皿が用意される。彼は肝臓をもらったから、肉は少なめ、といった偏りと調整は起きない。頭を除くすべての部位が、すべての人に行き渡るように、細かく切られ、分けられていく。頭は分けられず、欲しがった人が持ち帰る。

このように、満遍なく物資が配られることを、人類学では「シェアリング」と言ったりする。これは、狩猟で捕れた獲物を独り占めして、集団のなかに不均衡が生まれないようにするための知恵だと考えられている。狩猟の得意な人と苦手な人はいつの時代にもいただろう。すると、得意な人に肉が集中することになり、集団のなかで争いが起きる可能性が高くなる。狩猟採集民は獲物をシェアすることで、富が集中することを避け、権力が発生しないような仕組みを持っているから、森の中で生き残ってこられたのだろう。

森のような人々

ムラブリが集中させないのは富だけではない。これはウドムさんから聞いた話だ。村では移動によくバイクが使われるのだが、山道を走るため故障が多い。故障するたびに、街の修理屋さんに持って行くのだが、当然お金がかかる。現金の少ないムラブリにとっては、修理費を節約したいところだ。そこでウドムさんはムラブリにバイク修理の方法を教えることを思い立った。ウドムさんはバイクの仕組みを学んで、修理できるようになり、ムラブリのバイクを修理するようになった。しばらくした後、ウドムさんがムラブリにバイクの修理方法を教えるから、勉強してみたい人はいないかと呼びかけた。ウドムさんは自分もやってみせたから、誰かは興味を持つと思ったらしい。しかし、結局誰もバイクの修理方法を学ぼうとしなかったのだそうだ。

ウドムさんはそのことにとても驚いて、ムラブリの向上心のなさを嘆いていた。しかし、もしかしたら、これも知識の集中によって、権力や上下関係が生まれることを無自覚的に避けていたとは考えられないだろうか。

ムラブリの女性は葛を用いてバッグをつくるが、材料の採集から、糸をより、編み、染色する工程のすべてが、個人によっておこなわれる。分業をしないのだ。

このように、ムラブリにはいかなる専門家もいない。ぼくらは分業することでより高度に技術が発展し、社会が前進すると考えている節がある。しかし、専門家が生まれただけ、素人が生まれることになる。それはすなわち権力の発生に他ならないし、一人ひとりが生きていく力を獲得していく機会を、潜在的に奪っていると捉えることもできる。実際、衣食住のどれをとっても、ぼくらは専門家なしには生きられない。どのように服がつくられているかを知らないし、農作物をつくる知識もなく、家

ムラブリのつくる手編みバッグの「ニョック」。（撮影：筆者）

を建てる技術も持たない。しかし、ムラブリは葉っぱでできたふんどしを着て、森のなかで食べられるものを見分けることができ、その場にある環境と植物で寝床をつくることができる。

「カラム　ドゥ　モイ（そいつ次第だ）」と口にするムラブリは、時に他人を突き放す、非情な人々に見えるかもしれない。分業を排した、徹底した個人主義で、協力を好まない人々にも見えるかもしれない。しかし、そうした一方で獲物はすべて平等に共有し、助けを求められればできる範囲で助ける。それは個人をひとつの生命として信頼し、そのうえでその生命が儚いものであることを自覚しているからこそ表れる振る舞いだと、ぼくは感じる。森は分け隔てなく厳しく、しかし無慈悲ではない。そう考えると、ムラブリは森のようだ。ムラブリは、やはり単なる「ムラ（人）」ではなく、「ムラブリ（森の人）」と呼ばれるのに相応しい人々なのだとぼくは思う。

コラム❹ タパーの筆箱

ファイユアク村の長老格であるタパーは、タイ語で〝Mr. Forest〟の意味。彼はムラブリの象徴のような人だった。

彼は数々の調査に協力しているので、ムラブリに関する学術論文には、至る所に彼の名前と写真を見ることができる。ちなみに、英語版などのWikipediaに載っているムラブリたちの写真でも、中心に彼がいる（2023年1月時点）。

タパーは尊厳があるが、お茶目だった。ぼくが村に着いたのがわかると、するするっと近づいてきて、「お兄さん、何夜いるんだ?」とだけ聞いて、ぼくがまじめに答えているにもかかわらず、ヒョッヒョッヒョと笑ってどこかへ行ってしまう。かと思えば、帰国する前日にちょうど、籠を売りに来たりする。きちんと聞いているのだ。

タパーはいつも体のあちこちが痛いと訴えていた。年齢なのかわからないが、薬を飲んでも効かないらしい。ぼくは医者ではないので、できることはほとんどないけれど、できる範囲でなにかした。もち米を渡したり、ヤカンを買ってあげたり、そんな程度だ。ある時期、とても寒い日が続いたので、ぼくは街に降りる用事があったから、毛布を買った。それを見たタパーが、「その毛布ちょうだい」とぼくに珍しく要求してきた。冗談半分だったと思うが、ぼくは寝袋があったので、ムラブリらしく振る舞おうと、なにも言わずに毛布をポイっと投げて渡した。タパーは驚いていたけれど、そのまま黙って持って帰っていった。

翌日、タパーがやってきて「とてもいいものがあるんだ」と言う。「森の中は雨が降るとなんでも濡れてしまう。服もふんどしも体も濡れる。すべてだ。しかし、これに入れておけば濡れない。決してだ」。そうして渡されたのが、小学生が持っているようなビニール製の筆箱だった。「これはすごいものだ、本当だぞ」と言って、ぼくに持たせようとする。筆箱の上には、2人の西洋人女性の写真が載っている。一瞬、ぼくを笑わせようとしているのかと思った。けれど、昨日毛布をあげたことを思い出し、これがお礼なのだとわかった。

森の中で生活するうえで、濡れないことがどれだけすごいことなのか、ぼくは理解していなかった。濡らさないように、竹筒に厳重に守られた火打ち石や火種にする綿を見せてくれたことを思い出した。このビニールの筆箱は、タパーにとっては、とっておきのものだったのだ。それをぼくにくれるのだから、ぼくはありがたく頂戴した。

「たしかにこれはいいものだ、火打ち石を入れても濡れないで持ち運べるね」

少し芝居がかった返事になってしまったけれど、本当にそう感じながら答えていた。

タパーは満足げに帰っていった。

そんなタパーは、ぼくがコロナ禍でタイに行けない間に亡くなってしまった。

第5章　映画がつなぐムラブリ、言語がつなぐ人間

2015年9月1日　午後1時

今日はいつも滞在しているファイユアク村とは別のファイルー村にきた。いちばん新しい村で、若者が中心に移住してできた村だ。ムラブリは元々森の中を遊動しながら生きる人々だから、率先して定住して村をつくるようなことはしない。森の資源が開発で失われ、外部の民族との関わりが増えていき、その民族の周辺にムラブリがとどまるようになったことで、定住化が進められてきた。

ぼくがよく滞在するファイユアク村は、フモンと呼ばれる人々の村に隣接する形でつくられた村だ。だから、その村はムラブリの村でもあり、フモンの村でもある。フモンの畑仕事を手伝ったりするのだが、数や暦の概念が元来シンプルなムラブリに比べて、フモンは計画的で商魂逞しい気質であるので、仕事上の交渉でフモンが一方的に得をするような関係性が長く続いている。たとえば、フモンは1年分の賃金として前払いする。ムラブリはその大金を無計画にあっという間に使ってしまうか、もしくは紛失してしまう。けれど、労働の約束は1年間と決められているので、ムラブリは多くの期間を無賃で働くことになる。いまはもうこのようなことはないけれど、ぼくのいる村のムラブリはフモンにいわば借金を背負っており、それがムラブリを縛りつけていることは明らかだった。

この新しい村は、最近の行政主導のプロジェクトによってできあがった村で、ムラブリを借金から解放しようとする動きのひとつだった。ムラブリが森にアクセスしやすく、他の民族がいない場所に村をつくって、そこで田んぼや畑もつくる。その村の噂はよく聞いていたのだけれど、かなり森深い所にあるため、なかなか行けないでいた。

村に到着すると、踏切のようなもので入り口が閉ざされていた。とは言っても簡単にどかすことができるので、それをどけて村へ進んだ。村は広々としていて、家も高床式の立派なものが建てられており、池もあったり、畑もあったりで、いつもいる村と比べると優雅にすら感じられた。

車を適当な場所に停めて、ムラブリを探すと、かつてぼくが初めて訪れたムラブリの村であるフアイホム村にいた男の子が現れた。なにも言わずに来たので、驚くだろうと思っていたが、その顔は驚きだけでなく、どこか困惑していた。

「ユーマ、メェ　アレー、アプレム　ナー（ユウマ、お前来たんだ、久しぶりだね）」

「ンー、オォ　アレー、カライ　タン（うん、来たよ、なにも言わずに来た）」
「トット　タン　シンデー（タイ人はなんて言ってる？）」
「トット　レェ、オォ　カライ　マット、フングー　ガレーン（タイ人？　見てないよ、どこにいるの？）」
「ルグッ（上の方）」

どうやら、この村には管理人のタイ人がいて、その人たちに話をしなければならなかったらしい。彼はそのことを気にしていたのだ。

一度引き返して、踏切のある道から右折して上り坂を行くと、小高くて村が一望できる場所に小屋があった。ここにタイ人が暮らしているらしい。

そこに駐在しているタイ人は知り合いだった。少し前にファイユアク村をよく訪れていた青年だ。気さくな人で、ムラブリの若者からよく慕われていた。少し恰幅がよくなった彼に村へ遊びに来たことを伝えると、なにも問題ないよ、と言ってくれた。しかし、態度がやけにうやうやしい。彼と村へ歩いて行った。

この村にはブンティップもいる。彼は結婚して子どもも生まれていた。彼の家にお邪魔して、昼ごはんをいただいた。卵入りのインスタントラーメン。ご馳走である。タイ人の彼も一緒にご飯を食べた。くだらない話で盛り上がっていると、急にタイ人の彼が改まった口調でぼくに質問してきた。

「この村はいい所だろう？　ユーマのいる村と、こちらの村、どちらで暮らすのが幸せだと思う？」

ぼくはこのときようやく事情を理解した。なるほど、タイ人の彼はこの村のプロジェクトを成功させなければならない責任があるのだ。プロジェクトの成功とは、この村にムラブリが移住することだ。噂によれば、思ったより人が集まっていないらしい。一度村に住んだけれど、離れていく人もいるのを知っている。彼はムラブリを説得するために、ぼくの口から「この村はいい所だね」という言質《げんち》が欲しかったのだろう。

ぼくは彼の意図を察して、そっけなく答えた。

「ぼくは住んでないから、わからないよ。ブンティップに聞けばいいよ」

「ユーマの考えを聞かせてよ」

簡単には引き下がってくれない彼に、ぼくは少し考えてこう答えた。

「この村は物がたくさんある。いい所だと思う。あっちの村は物が少ないね。だから自由なんじゃない？」

彼は少し驚いて、黙ってしまった。ブンティップは大笑いしていた。

いい環境なのにどうしてムラブリは来たがらないのだろう、と不思議だったけれど、やっと納得がいった。ここはタイ人のプロジェクトによる村だ。タイ人の彼らがよかれと思っておこなっているのは知っている。彼はムラブリと一緒に住んでいるくらいだから、生半可な気持ちで関わっている訳ではないのもわかる。ぼくにはできないことだ。けれど、生活が計画され、評価されるのは、ムラブリに限らず、誰だって窮屈に感じるだろう。彼もそれは薄々気づいていながら、仕事として成果を出さなければならないなかで、ジレンマを抱えているのだろう。難しい立場だな、と少しだけ気の毒になった。

方言の再発見

博士課程に進学した後、タイでの長期調査や、学会での発表などは順調だったが、肝心の博士論文が進まなかった。博士論文では、ムラブリ語の文法書を書こうとしていた。フィールド言語学をする人は、博士論文として調査言語の文法書を提出する伝統がある。ぼくもその伝統にならって文法書を書くつもりだったのだが、相変わらずぼくは勉強不足で、文法書を読んだり、そのための理論を学んだりすることに時間を費やしていた。そのうちに、そもそも文法ってなんなのかという疑問が湧いてきて、さっぱり筆が進まなくなった。

博士論文の文法調査が進まない一方で、方言についての研究がおもしろくなっていた。ムラブリ語が個人によって大きな差があることは修士のときに気づいていたが、先行研究によるとムラブリ語は方言差も激しいとある。個人差が大きいことと、方言差が激しいことは、なにか関係していそうだし、小さな言語でどうしてそこまで異なる方言が生まれるのか、興味があった。しかし、方言差を調べようにも他の方言の資料が手元にない。まず、他の方言を話すムラブリを探す必要があった。しかし、それは簡単ではなかった。

先行研究によれば、少なくとも3つの方言があるはずなのだが、当初はそのうちの1つしか確認できていなかった。タイに2つ、ラオスに1つ方言が報告されている。タイにあるぼくのまだ知らなかった方言は話者が少なく、1995年に出版された研究書にはすでに話者が数名しかいないと書かれており、もうすでに消滅した可能性もあった。タイ人のムラブリ研究者も「いるらしい」という噂を聞きながらも、匙《さじ》を投げていた。タイに住みながら研究している人が見つけられないのに、日本から年に数カ月しか訪れないぼくに見つけられるだろうか。ラオスに至っては、タイに隣接するサイニャブリー県の森に暮らしているということ以外、なにも情報がなかった。

とにかく、動くしかない。まず行政施設を訪れ、国勢調査のデータを特別に見せてもらって確認したが、わからなかった。別の民族と混ざっている可能性もある。その場合、行政の記録では判断が難しい。地道に聞き込みをするしかないことがわかった。

それから、ファイユアク村での調査の合間に車で走りまわった。少しでも噂のある村を訪れた。ムラブリがいるらしいと言われたある村は別の民族の村だったし、また別の場所はその村自体が見当たらず、たどり着けなかったこともあった。足掛け2年、山道の売店や、各地の学校などで聞き込みをして、やっとたどり着いたその村は、ラオスとの国境近くにある小さなフモンの村だった。ムラブリは一世帯のみ、数人しか住んでいなかった。その内、男性2人がまだムラブリ語を話せるらしい。その村はドーイプライワン村といった。

しかし、その日ムラブリは出稼ぎに出ており、会えなかった。興奮していたぼくは、なるべく早く会いたいので、その村に滞在しようとしたけれど、いつ戻るかもわからないと諭されて、仕方なく帰ることにした。ファイユアク村のムラブリにも、この発見を報告したいと思ったからだ。

しかし、ファイユアク村の反応は冷ややかだった。「危ないから、会わない方がいい」とまで言われてしまった。じつはムラブリには人喰い伝説があり、他のグループは人を喰うと信じられているのだ。

ドーイプライワン村のサックとの調査。（撮影：筆者）

それでも調査をやめるわけにはいかない。後日訪れると、念願だった別グループのムラブリと出会うことができた。男性3名、女性1名。ムラブリ語がまだ話せる男性に調査させてもらうと、やはり先行研究にあるとおり方言差があって感動した。学術的には20年ぶりの再発見だった。

こうして、ぼくは本格的にムラブリ語の方言差を調査することになった。最初は別の村に通うぼくを止めたり、怪訝な顔をしていたファイユアク村のムラブリも、ぼくが無事に帰ってくるのを見て、興味を持つようになった。「なにを食べているんだ？」とか「どんな顔をしているのか？」などと、質問してくるのだ。やはり、気になるらしい。

そんな様子を見て、ぼくは彼らを引き合わせてみてはどうか、と考えるようになった。

ドーイプライワン村のグループは、もうその中で婚姻できる状況ではないため、このまま消えていってしまう。その前に交流が生まれれば、もしかすると新しい展開が生まれるかもしれない。

引き合わせること自体はそれほど難しくない。ぼくが片方の村のムラブリを車に乗せて、もう片方の村に行けばいいだけだ。言語学的な計算によると、ムラブリの方言が分岐してから、おそらく100年以上は経過している。実現すれば、100年ぶりの再会だ。ムラブリにとっては歴史的な瞬間となる。そんな瞬間にぼくだけが立ち会うのはもったいない。せめて映像に残そう。でも、ぼくは撮影技術に自信がない。どうしたものか。

金子遊監督との出会い

そうこうしているうちに博士課程の3年が過ぎ、子どもが生まれたのもあって、大学院を休学し、京都から富山の奥さんの実家へ引っ越した。家庭教師と塾講師を掛け持ちしながら、研究を続け、食いつなぐ日々だった。「30歳までに学術振興会の特別研究員にならなければ、研究を辞めて就職する」と宣言した。日本学術振興会の特別研究員とは、通称「学振《がくしん》」と呼ばれ、月20万円をもらいながら研究できる、研究者志望の人なら誰もが憧れるポジションだ。しかし、採用率は16％（当時）と低い。それに採用されなければ、才能がないと思って研究は諦める。ぼくはそう宣言して、ここが踏ん張りどころと研究をした。方言研究がたまたま実を結んで、賞をもらえたこともあり、29歳のときに学振に採用された。ギリギリで研究者人生がつながった。学振の期間は3年だ。任期が終わるまでに、大学での就職を目指す。それができなければ、やはり研究者人生を終えるつもりでいた。

どういうきっかけだったか忘れたが、富山の地方新聞に取材され、ぼくとムラブリについての記事が掲載された。それを見た富山国際大学の才田春夫先生がムラブリに関心を持ち、先生と学生と一緒にタイへ行くようになった。その先生の紹介で大学の客員研究員となり、富山での研究体制が整った。あらためて書いてみて、運だけでなんとかなっているような人生だ。

映画監督の金子さんと出会ったのは、そんな時期だった。

2017年の春休み期間、富山国際大学の才田先生や学生といつもどおりタイのフアイユアク村を訪れていた。もう慣れたもので、隣の村からビール片手に戻ってきたとき、ムラブリの村に観光客を連れてくるツアーのおばちゃんの姿が見えた。ほとんどの観光客はすぐに帰ってしまうから、とくに気にしていなかった。

そしたらそのおばちゃんが「日本人が来てるぞ！　日本人が来てるぞ！」とうるさ

くぼくを呼ぶ。ぼくも日本人と聞いて、珍しいな、と思い顔を出すことにした。それが金子遊さんだった。彼はタパーが籠をつくっているところを、カメラを回して撮影しているところだった。撮影がひと段落した後に話しかけたら、金子さんは「こんな所に日本人が住んでいるんですね」と驚いていた。

けれど、ぼくの方も驚いた。ぼくが「なにしに来たんですか？」と聞くと、「東南アジアの少数民族の映像を撮ってるんです。普段は本を書いたり、映画を撮ったりしています」と言われたからだ。映像を撮りたいと考えていたら、映画監督が村に現れた。しかも日本人だ。奇跡である。

ぼくは慌てて「ぼくは学生のころからずっとムラブリ語の研究をやってて、いまは方言の研究をしてます」と自己紹介をはじめた。そして、人喰い伝説がムラブリたちを分断しているが、それを引き合わせようとしていることや、ラオスにはまだ森で暮らすムラブリがいるらしいことも話した。

金子さんと話せたのは15分程度だったけれど、興味を持ってもらえた手応えがあった。実際、その日の夜に金子さんから「ビバ・ムラブリ」という題名のメールが来た。映画のプロジェクトがたちまちはじまった。自分は映画を撮ったこともないし、どのようにプロジェクトが進むのか想像もできなかったが、不思議な縁もあるものだな、と思ったことを覚えている。

ムラブリの成り立ち

ここでムラブリの歴史について、少し紹介しておきたい。とはいえ、ムラブリは無文字文化であるため、歴史資料は限られている。ここでは、ムラブリやその周辺民族に残る伝承、言語学や遺伝学の知見をもとに、ぼくの考察を書くことにする。

ムラブリは狩猟採集民だが、ずっと狩猟採集をしてきたわけではないようだ。アイヌやアボリジニなどのよく知られた狩猟採集民は、何百年もの間ずっと狩猟採集を続けており、その結果からかはわからないが、高度な文化と精神世界を持っている。アイヌの儀礼や神話体系、アボリジニの極彩色の絵画などは、文明化を経た社会には到底たどり着けない深みと生命力が感じられる。

しかし、ムラブリにはアイヌやアボリジニのような「深み」は、一見しただけでは感じにくいかもしれない。神話は散文的で体系だっておらず、儀礼も簡素なものがかつてあったが、廃れてしまった。物質文化といえば、手編みのバッグ、竹でつくるパイプ、杖、ふんどしくらいだ。アイヌやアボリジニなどに比べて、ずっとシンプルなのだ。

一方で、ムラブリは製鉄技術を持っていたりもする。地面に穴をほり、竹によってふいごを用意し、玉鋼《たまはがね》をつくるのだ。高度な文化を持つアイヌやアボリジニですら、製鉄技術は持たない。ムラブリがどのような経緯で製鉄をおこなうようになったのかは不明だ。

このように、ムラブリは長い歴史を持つ狩猟採集民とは少し異なる特徴を持つ人々である。じつは、遺伝学や言語学の研究から、ムラブリはもともと農耕民であり、そこから狩猟採集民となったと考えられているのだ。

2005年、日本人の研究者を筆頭としたムラブリに関する遺伝学の論文が発表された［Oota et al. 2005］。ムラブリのミトコンドリアDNAなどを調査したものだ。ミトコンドリアDNAは母から代々引き継がれるもので、さかのぼれば祖先の最初の母、つまり「イヴ」までさかのぼることができる。

60名余りのムラブリのミトコンドリアDNAを調べた結果、なんと500年から800年前に生きていた、たった1人の女性にさかのぼるらしいことがわかったのだ。つまり、ムラブリが民族として成立したのは比較的最近であり、きわめて少数の集団からはじまったと考えられるのだ。

少数の集団がどのように形成されたかは、2つの仮説がある。1つは「ボトルネック（population bottleneck）」と呼ばれるもので、もともと狩猟採集をしていた人々が、なにかの要因で急激に人口が減った、という仮説だ。瓶の口がすぼむように人口が減るのでこう呼ばれている。もう1つは、「創始者イベント（founder event）」と呼ばれるもので、農耕民の集団から、少数の人々が独立し、ムラブリになったと考えるものだ。

文化はシンプルなのに製鉄技術を持つムラブリの「矛盾」は、創始者イベント仮説によってよりよく説明できる。文化がシンプルなのは狩猟採集民としての歴史が比較的浅いからであり、製鉄をするのは農耕民の名残と考えれば納得しやすい。くわえて、遺伝的にも言語学的にも、もっとも近いティンという農耕民族の民話に、「昔、村を追われた若い男女が、のちに森に暮らすようになった」というものがある。この男女がムラブリの創始者だとすれば、ムラブリは農耕民から狩猟採集民へと生業を変えたことになる。狩猟採集から農耕への大きな流れを経験した人類史のなかで、ムラブリは「逆行」しているようで珍しい。この「逆行」はムラブリの文化的な特異性だけでなく、言語学的な特徴までも説明する可能性があるのだ。

クレオール仮説

ムラブリ語は言語学的にも特異な特徴を数多く持つ言語で、言語学の教科書で紹介されるほどだ。そこで紹介されたのは、ムラブリ語の所有表現の語順についてである。少し専門的な話になるかもしれないが、「へー、言語学者ってこういう話題が好きなんだ」という感じに、社会科見学でもするつもりで聞いてもらえるとうれしい。

さて、所有表現については、第4章でもすこし触れた。日本語の「わたしの本」、英語だと〝my book〟などがそうだ。英語では〝books of mine〟と言うこともできる。ここでは、「わたしの本」と〝books of mine〟を比較しながら、説明してみよう。

ここで注目したいのは語順だ。日本語の「わたしの本」の名詞の順番は、「人―モノ」である。一方で、英語の〝books of mine〟は「モノ―人」の順番で、日本語と逆だ。

じつは、この所有表現における名詞の順番は、文の基本語順から予測できる。日本語の語順は「わたしは本を持っている」のように、「主語―目的語―動詞（ＳＯＶ）」である。英語は〝I have books〟のように「主語―動詞―目的語（ＳＶＯ）」となる。この文の基本語順と所有表現は、類型論的含意（typological implication）と呼ばれる傾向があると知られている。「主語―目的語―動詞」の語順を示す日本語のような言語は、所有表現が「人―モノ」の語順であることが多いのだ。一方で、「主語―動詞―目的語」の語順を示す言語の所有表現は、地域や語族によって偏りがある。英語も〝my book〟〝books of mine〟の両方がある。そして、ムラブリ語の所属するオーストロアジア語族で「主語―動詞―目的語」の基本語順を示す言語の所有表現は、ただひとつの例外を除いて「モノ―人」の語順となる。お察しのとおり、その唯一の例外が、ムラブリ語なのだ。

ムラブリ語は「主語―動詞―目的語」の基本語順を示す一方で、所有表現については「人―モノ」の語順を示す。この事実は一般の方からしたら「へ〜そうなんだ〜」くらいのインパクトだろう。いや、インパクトという単語を使うのも大袈裟な、小さな事柄に思えるかもしれない。だけど、これがオーストロアジア語族の言語を研究している人なら、「なに―!?」となり、大事件となる。「そんなばかな!!」「お前ちゃんと調べたか!?」くらいの話なのだ。

このような例外を見ると、多くの言語学者は、「他の言語からの影響でしょうね」と考えることが多い。これを「言語接触」という。言語は他の言語と接触することで、構造や体系が変化するからだ。しかし、ムラブリの居住領域の近くには「人―モノ」の語順を持つ言語がない。そもそも、ムラブリは森の中で他の民族との交流を避けて暮らしていたのだから、言語接触の機会もほとんどなかったはずだ。

その他にも、ムラブリ語は近親の言語と共通する語彙が極端に少なかったり、「なに?」などの疑問詞が2語から成っていたり、「山」から「山々」をつくるような「重複」と呼ばれる語をつくるシステムを十分に持っていなかったりと、言語学者からすれば不思議な特徴がたくさんある。

このムラブリ語の例外を説明しようと、いろいろな説明が試みられてきた。しかし、中国語の影響ではないかとか（中国語は「人―モノ」の語順だけど、接触の痕跡が他にない）、すでに消えてしまった言語の影響だとか（それを認めたらなんでもありだ）、「ちょっとどうかなぁ」という仮説しかなかった。とはいえ、決定的な証拠も出てこない。文字資料もないから、これ以上議論することはほとんど無理に近い。

しかし、やはりムラブリ語好きとしては、ムラブリ語の謎は説明したくなる。ここから書くことは、遺伝学や言語学の事実から考えたぼくの仮説であり、証明することはできない。そのことを踏まえたうえで、読んでほしいと思う。

アジア大陸部の山岳部は「ゾミア」と呼ばれ、様々な少数民族が点在している地域だ。山岳部は平野部に比べ米の生産が難しく、大きな王朝は築かれなかった。平野部に住む民からすれば、山岳部に住む人々は平野部に住めなかった「負け組」だ。しかし、歴史学者のジェームス・C・スコットは、大胆にも真逆の歴史観を主張する。平野部に君臨する中央集権の支配から逃れるために、文字を捨て、所有を嫌い、自由を求めて山岳部に主体的に移住した人々が「ゾミア」の民だという［スコット 2013］。ムラブリはスコットの主張する「ゾミア」の民の典型例ではないかとぼくは考えている。

ムラブリは農耕民の生活に馴染めなかった人々の集まりではないか。最初は少数のティンの祖先からはじまったが、徐々に他の民族からも合流する人が増えるようになった。「森で人々から離れて生活する人たちがいるらしい」。その噂に共感した人々が、森に入り、民族を問わず合流していく。遺伝学的にも、ムラブリはクム族やタイ族などの多様な民族と混血した形跡がある。

　ムラブリの祖先は、森を遊動しながら、さまざまなバックグラウンドを持つ人々を吸収していく。共通するのは「農耕の定住生活が嫌」で「森に住むことを選んだ」という点のみ。だから、名前も単なる「ムラ（人）」ではなく、「ムラブリ（森の人）」と自称するようになった。

　いろいろな人々の集まりだから、お互いの言葉がわからないこともあっただろう。その都度、その場で通じる言葉をつくり上げていく。このように、その場限りの必要性から生まれる言語は「ピジン」と呼ばれ、世界中で報告されている。

　集団内でやがて子どもが生まれる。その子どもらは両親から言語を学んでいくが、両親が話すのはその場限りの「ピジン」だ。それは不完全な文法しか持たず、語彙も限定的だ。その「ピジン」を子どもらは母語として学ぶ。すると、その不完全な言語から、子どもたちは「完全な」言語体系をつくり出す。このように、「ピジン」を子どもが母語として学ぶことで生まれる言語を「クレオール」という。つまり、ムラブリ語は、クレオールではないかと思うのだ。

　クレオールは世界中にある。元々の言語は、英語だったりスペイン語だったりポルトガル語だったりするのだが、クレオールは元々の言語や地域は違っても、似たような特徴を持つ。ハイチでできたクレオール、アフリカで生まれたクレオール、場所も元になった言語も違うのに、どこかしら似ているのだ。ビッカートンという言語学者は、人間には言語を生み出す機構が備わっており、その影響でクレオールは似るのだ、という「バイオプログラム」仮説を提唱している［ビッカートン 1985］。いずれにせよ、クレオールはクレオールというだけで似た特徴を持つ。所有表現の語順が「人―モノ」であること、「なに？」という疑問詞が2つの要素から成っていること、重複などの仕組みの乏しいこと、などである。偶然かもしれないが、ムラブリ語の由来のわからない特徴と一致するのだ。

もちろん、これは単なるぼくの妄想に過ぎない。証明できないことであり、学者としては追いかける理由がない。ただ、農耕から逃れ、森の中で暮らすことを選んだ人々が、遊動生活をしながらゆるいつながりのなかで形成していった共同幻想が、ムラブリという「民族」なのかもしれない、という可能性を想うと、ぼくがなぜムラブリと出会い、惹かれたのか、腑に落ちる気がするのだ。

さて、専門的な話はいったん終わり。金子さんとの映画撮影に戻ろう。

撮影中の金子遊監督。（撮影：筆者）

「待ち」の人、「攻め」の人

金子さんと何度か東京で打ち合わせをし、翌年の春からいよいよ撮影することになったのだが、現場ではそれぞれのスタイルの違いに驚くことになる。

ぼくの調査は基本的に「待ち」だ。人々が話しているところに、少しお邪魔して、ぼくの聞きたいことを少しだけ尋ねる。もしくはムラブリの話している場面に、迷惑にならない程度にお邪魔させてもらい、そこでの会話を記録させてもらう（もちろん許可や使用目的を伝える）。調査票はつくるのだが、使う機会は減っていった。調査票を使う調査は人を選ぶし、なにより不自然なデータになりやすい。調査したい内容をメモしておき、それが話のなかで自然と現れてくる状況をつくり出したり、普段の会話に現れないか注意することでデータを集めるようになった。

また、以前のタシーとの失敗も頭にあった。あまりこちらから要求し過ぎると、また煙たがられるかもしれない。そういう気持ちもあって、ムラブリにあれこれとお願いすることは控えていた。

映画撮影も、ぼくは同じようなスタイルで撮影するつもりでいた。金子さんが撮影して、ぼくが通訳する。ドキュメンタリーだし、ありのままを撮影するんだろうから、ぼくの「待ち」の姿勢に近いと思っていた。しかし、金子さんの姿勢は「攻め」だった。

「ムラブリに狩猟してもらえませんかね」

「なにか喋ってもらえるよう、話しかけてみてください」

「仕事しているところを見せてもらいましょう」

普段ならぼくがムラブリにしないような関わりや動きを要求された。最初は恐る恐るだったけれど、ありがたいことにムラブリは気前よく応えてくれた。普段はお願いしづらい民話もたくさん聞くことができた。民話は間違えたり、忘れたりして最後まで言えないと、その人によくないことが起こると信じられているから、気軽には頼めないのだ。以下は映画にも収録されている、タロンから聞いた「シンレップレッ」というお化けのお話だ。

イモとかを焼いていたら煙が出るだろ
その煙に突然やって来る、ブシュ、ハッハッハッハッと現れる
これがシンレップレッという大きなお化けだ
森の中にいるときに出逢うんだ
自分はいい人間だけど、そのお化けは悪い奴らだ
いい人間を殺そうとするんだ、犬とやって来て暴れて騒ぐんだ
わー！　ひゃー！　ガハハハー！
みんな逃げてしまう、シンレップレッという
夜、夜になると聞こえる
アー、アー、アー
ヤー、ヤー
お前は返事をしていない、返事をしていないのに声が聞こえる
こちら側の山にも、あちら側の山にも
それぞれシンレップレッに取り憑かれた人が潜んでいるんだ
お前が近づくと
さっと襲いかかる！

ヤー、ヤー
お前の声じゃない
そのまま進むと
それっ！　いまだっ！　行けっ！　行けっ！
自分たちがイノシシを狩るのと同じだ
犬が虎のように走ってやって来る！
なんてこった！
どんどんどんどんどんどん迫って来て
お前の体に噛みつくんだ
死んでしまう、犬はもう虎になったのだ
すると、よーしよし、よくやった、いいやつだ、美しいやつだ、といってシン
レップレッは虎を褒める
よしよし、よしよし、そして
切り裂け、切り裂け！　そしてシンレップレッは肉を食べ、満足すると休み、
あとは虎にやる
休んでいる間、虎が死体を食べて食べて食べて、全部食べてしまう
すると虎が鳴く、ヴー

シンレップレッはそれを聞くと、
よし、終わりだ、次の獲物を探すぞ
そういって、またはじめるんだ、これを繰り返すんだ
自分たちはいい人だから大丈夫、逃げるだけだ
でもシンレップレッに穢された人はこんな風に人を襲うようになるんだ、ほんとだよ

このような躍動感あふれる民話が聞けたのも、金子さんの「攻め」の姿勢のおかげである。

ラオスにいるのは「悪いムラブリ」？

映画の撮影のために、タパーにラオスの話を聞いた。タパーは「メェ　ンガーム（聞きなさい）」とお決まりの台詞を言うと、話しはじめた。

ラオスのことか　よく聞きなさい
昔はタイ人もいなかった　余所者はいなかった　神様だけがいた

神様は大地になった
その大地に空から降りてきたのが
タイ人　白人　フモン　ティン
そしてムラブリだ
良いムラブリと悪いムラブリがいた
悪いムラブリはいくつかいた
タレー　タクルトレーン　ムラヘーンムラヨーン
悪いムラブリだ
彼らは盗む
彼らは嘘をつく
彼らは人を殺して食べる
彼らはみんな死んでしまった
父と祖父は大きな水を超えて来た　ラオスの方から来た
父と祖父は悪いムラブリに会ったことがある
心配しなくてもいい
私たちは良いムラブリだ
悪いムラブリはもういない

ムラブリはクム語派というグループに属している。クム語派のほとんどは、メコン川の東側、現在のラオス側に分布しているが、川を渡ったグループがいる。それがムラブリとティンだ。「大きな水を超えて来た」という語りは、タイとラオスの国境沿いを流れるメコン川を渡ったことを表しているのかもしれない。

ともかく、ムラブリの語りによれば、良いムラブリと悪いムラブリがいる。悪いムラブリは、盗み、嘘をつき、人を殺して食べるそうだ。しかし、その悪いムラブリはもういなくなってしまった。別の語りによれば、お互いに盗み合ったり、嘘をついたり、殺し合ったりした結果、消えていったのだという。

民話では消えていったそうなのだが、悪いムラブリ伝説はまだ彼らのなかに生きていて、規範になっている。あるとき、ムラブリの誰かが冗談で事実と違うことを言ったとき、ぼくの悪い癖でつい冗談で「ムラヘーンムラヨーン（悪いムラブリ）だ」と言ってしまったのだが、その場が沈黙してしまった。軽口にしては言い過ぎだったのだ。よくないことをしたと思い、いまでも反省している。それくらい、「悪いムラブリ」は容易に触れてはいけない存在であり、ムラブリ社会のなかで抑止力として機能している。

そんなわけで、民話を語ってくれたタパーに「ラオスに行きたいか?」と聞いても「行かない」としか返ってこない。ラオスにはまだ悪いムラブリがいると彼らは考えているからだ。

体力のあるムラブリの若者と一緒にラオスへ行き、森の中で再会してもらおうと計画したが、ビザの関係でダメだった。ムラブリがビザを取るには別の県に行かないとならず、その手続きをする時間がとれなかったのだ。国境や県境ってなんなのだろうかと、こういう出来事があると考えてしまう。

奇跡の遭遇

結局、ラオス側には金子さんとぼくだけで行くことになった。ラオスのムラブリは遊動生活をしているので、どこにいるのかわからない。観光局、市場の人々、顔の広い地元のラジオDJ、地主などなど、いろいろな人に聞き込みをして回った。ムラブリがいるらしいという村までなんとかたどり着いたのは、ラオスに着いて数日経ってからだった。

ムラブリの世話をしているという家があり、そこにぼくらもお世話になることになった。「彼らは森から降りてくるときもある、降りてこないときもある、いつ降りてくるかはわからない」とのことだった。ムラブリがいまどこにいるか聞くと「たぶん森の小川の近くの野営地にいるだろう。ここから歩いて3時間くらいじゃないかな」とのことだった。のちにこの数字はまったく当てにならなかったことがわかる。

その村に到着したのは午後だったので、それから森に入ることは難しい。ムラブリの世話をするおじさんの提案で、森までは行かないが、ムラブリがたまに来る休憩場所まで行ってみよう、ということになった。

村を出て数分のことだった。なんとムラブリと思しき男性が向こうから歩いてくるではないか！　金子さんは慌ててカメラを回した。服装からはわからないが、肌が浅黒く、歩き方もゆったりで、ラオス人ぽくない。おじさんもその男性に気づくと、こちらを振り向いて「運がいいね」と言って笑った。間違いない、やはりムラブリだ。まさかこんなにあっさり会えるとは予想していなかった。ぼくも金子さんにカメラを向けられたけれど、あんまり急なことで驚いてしまったから、「すごいですね、いや、すごいですね」と言うだけで、気の利いたことはなにも言えなかった。

少し落ち着いてから、論文で覚えたラオスのムラブリ語を使って話しかけてみることにした。ラオスのムラブリに会えたときのために、語彙やフレーズを練習してあったのだ。

「メェ　マルフ　ティピア（あなたの名前はなに？）」

「…………」

反応がない。発音が悪かったのだろうか。いや、諦めてはいけない。名前は安易に言わないのかもしれない。まずは無難に挨拶だ。

「ジャック　ギネーン（どこ行くの？）」

「…………」

困惑している。もしかしてぼくと話す気がないのだろうか？　仕方がない、ここはもうラオス語で話しかけてみよう。

「スー　ニャン（名前は？）」

「カムノーイ！」

あっさり通じた。カムノイというらしい。どうやら彼はムラブリ語を話せないらしい。30歳くらいに見えたのだが、このくらいの年齢だと、タイ側のムラブリなら間違いなくムラブリ語を話すから、驚いた。ともかく、ラオス語なら通じるようで安心した。カムノイはラオス語を流暢に話した。でも少し訛りがあって、語尾が尻上りに高くなる。そこはタイ側のムラブリ語と近い響きがあり、やっぱりムラブリなんだ、とうれしくなった。

カムノイと一緒に村へ戻り、家で話を聞いてみた。彼は結婚していて子どもがおり、村にはお米を取りに来たり、タバコを買いに来たりするようだ。

カムノイはお酒を飲むのが好きで、昼間から酔っ払っていた。お酒も村の人にご馳走になるのだ。酔っ払ってニコニコしながら「携帯買って欲しいな〜新しい携帯が欲しいな〜」と歌うようにぼくらにねだって、あまりにしつこいから家のおじさんに怒られていた。携帯電話は森の中で音楽プレイヤーとして使っているらしい。数少ない娯楽なのだろう。

カムノイと愉快な時間を過ごしていると、他の村人がムラブリが降りてきたことを教えてくれた。しかも子どもだ！　こんなに簡単に何人ものムラブリに会えると思っていなかったからさらに驚いた。このチャンスを逃すことはできない。「待ち」のぼくも、このときばかりは前のめりになった。

やってきたのはナンノイという女の子と、ルンという男の子。2人とも中学生くらいの年齢だろうか。正確な年齢はやはりわからないらしい。彼らはカムノイが飲んだくれている家とは別の家からお米をもらったり、タバコをもらったりしていた。他人の家なのに、ずいぶんとくつろいでいた。家の人もなにも言わないから不思議だ。どうしてムラブリにそんなによくするのか、聞いてみても、その質問の意味が理解されていないようだった。タイの「タンブン（善行）」のような施しではなく、わたしたちは十分にあるからあまりを渡しているだけだ、という感じの返答だった。水が高い所から低い所へ流れるような自然さが感じられて、気持ちがいい。

お米とタバコをもらったルンと少し散歩をしながら話をした。

「どうして学校に行かないの？」

「学校には行ってない」

「どうして？」

「森にいて学校には行ってない」

「学校には行きたくないの？」

「森は涼しい」

映画内でもあるこのやりとりを、ぼくはよく思い出す。恥ずかしいからだ。明らかに噛み合っていないこの会話、ぼくが「子どもは学校に行くべきだ」という考えをルンに押しつけているのがよくわかる。ルンはぼくの偏見をこともなげに受けながす。暑い所より涼しい所が心地よく、学校よりも森が涼しい。だから森にいる。それだけだ。そこに「べき」はない。

暗くなるまでにムラブリはみんな森に帰っていった。次の日に追いかけようと思い、そのことを村のおじさんに相談すると、「雨が降ったら帰って来られないかもしれないから、そのつもりで準備をしなさい」と言われた。ぼくは怖気づいてしまって、「ムラブリと会えたし、森に行くのはやめときますか」と「待ち」の姿勢に戻った。というより、ここまでくるとただのビビりだ。金子さんは当然「行きましょうよ、ここまで来たなら」と「攻め」の姿勢だった。金子さんに押し切られ、翌日に森へ行くことになった。そして、世界初の映像を撮ることになるのだった。

伝説の「黄色い葉」

翌朝、まだ薄暗い早朝、ラオス人のガイド2人と一緒に村を出発した。道のりは3時間と聞いていたが、結果から言えば6時間以上かかった。道の土は粘土質で、雨が降るとどうやっても進みようがなくなる。幸い雨は降らなかったものの、朝露で滑りやすく、かなり慎重に歩かなければならなかった。しばらく山を行くと、ムラブリの女性イミーが休んでいた。ポンポンとムラブリに会えるから、なんだか笑えてしまう。イミーは夜にここで寝ていたとのことで、これから野営地に帰るらしい。

イミーに案内してもらえれば安心だ。彼女と一緒に山を行くことになったが、どうやらガイドの人が考えていた道とは違う道を行くらしい。「くねくねした道は時間がかかるから使いたくない」という。イミーは「真っ直ぐ」行ける道を知っているらしい。ガイドの人たちは「真っ直ぐ」の道を知らないようだったが、ムラブリの彼女が言うのだから間違いないのだろう。彼女について行くことになった。

「真っ直ぐ」行ける道は、藪の中の獣道のことだった。ぼくらはバイクも通れる道を主に歩いていたが（こんな急勾配の滑る道をよくバイクで行こうと思うなといつも感心する）、その道から逸れて、竹林を抜けていくルートだった。これはイミーと一緒でないとわからない。そして、かなり険しい。スイスイ進むイミー、それに食らいつくカメラを持った金子さん、ぼくはその2人を遠くに見ながら、ゆっくり慎重に歩いていった。

イミーの案内で、歩くこと6時間以上、午前中には着きたかったが、すっかり昼を回っていた。あの山を越えたら、あの山を越えたら、と自分を鼓舞しながら歩くこと数度目の山越え、その下り坂でイミーの足が早まった。慌てて追いかけると、こっちに来るなと手で追い払われてしまった。そこはイミーの家だったのだ。


ようやくたどり着いた野営地。村で会ったルンもいる。他の家族もいる。世帯は3つだろうか。イミーは独りで住んでいる。タイのムラブリには未亡人は1人で住む習慣があるのだが、ラオスのムラブリも同じようだ。野営地の寝床の柱は竹で、屋根は葉っぱだけでなく、ビニールシートも使っていた。ムラブリらしい。便利で使えるものはなんでも使う。

流石に疲れたので、まず昼ごはんにしようと、近くの小川に行くことにした。野営地は小川の近くにつくるのだという。寝床を決めるとき、水源は大事だが、近過ぎては危険だ。水場にはさまざまな動物が集まる。水場にアクセスしやすいが、動物とは

「黄色い葉の精霊」の由来となった、「天然」の風よけ。（撮影：金子遊）

遭遇しにくい場所を選ぶようだ。

小川に寄る途中に、誰がつくったのかバナナの葉っぱが黄色になっているムラブリ風の家、というか風よけを見つけた。まさに、ムラブリの別名である「黄色い葉の精霊」の由来になったものだった。タイでお願いしてつくって見せてもらったことは何度もあるけれど、実際に使って、黄色くなっている「天然」の風よけを見るのは初めてだった。1930年代の民俗学者の書いた『黄色い葉の精霊』の中でも、ミステリアスに紹介されている。

ラオス語でピートンルアングとは「黄色い葉の精霊」を意味する。人々は彼らについて、その名前以外はなにも知らない。彼らの姿を見た人はおらず、慌てたようにつくられ、あっという間に見捨てられた風よけを、猟師が森の中でごくまれに見つけるだけで、彼らはもうそこにはいない。風よけの枯れた葉と、人が起こしたらしい火の灰は、その「精霊」についてラオ人が想像をたくましくするのに十分である。

（[Bernatzik 1951] より、筆者訳出）

本の中で伝説のように語られていたあの風よけが、ぼくの目の前にある。研究者冥利に尽きる瞬間だった。

初調査のスタイル、ふたたび

昼食の後、野営地に戻りムラブリと過ごしつつ、ムラブリ語をキャッチしようと聞き耳を立てていた。普段どおりの「待ち」の姿勢だ。しかし、彼らは気だるそうに横になりながら虚空を見つめているか、なにか食べているか、タバコを吸っているかで、ムラブリ語は聞こえてこなかった。まるで日本のお正月のようだった。そもそも、話したとしてもラオス語で、ムラブリ語はほとんど話さない。こちらからムラブリ語で話しかけても、曖昧に視線を送られるだけで、なにも返事がないことがほとんどだった。

あまりにも話してくれないので、普段は「待ち」のぼくも、自分からアプローチすることにした。ムラブリ語で話しかけたり、ラオス語で質問したり、自分の動作をムラブリ語にしてもらったり。けれど、どれもいまいち盛り上がらない。おそらく、ぼくがなにをしたいのかわからないのだろう。「言葉を学びたいんだ」とは伝えてはいたけれど、なんのために学びたいのかが理解されていないのがよくわかった。タイでの調査も最初のころはこんな反応だったな、と思い出しながら、焦っても仕方ない、と思い直して、一緒に横になって休んだり、周辺にあるものを記録したりすることになった。

そうこうしているうちに、すっかり日は暮れ、あたりが暗くなってくる。金子さんが痺れを切らして、「伊藤さん、なにかもっと話しかけてください」と指示が出た。そう言われてもなぁ、と困ってしまった。ムラブリにおしゃべりする気分になってもらうしかないのだが、それはとても難しそうに思えた。なにか突破口がないかと思案していると、動物の話なら盛り上がるんじゃないかと思いついた。タイの調査では、動物の話になるとムラブリは饒舌になる。さらに、質問して記録する、というやり方も、盛り上がらない要因だと思い当たった。わからなくても相槌を打ち、驚いたり、一緒に喜んだりする。一番初めの調査で、なにも話せないぼくがどうしようもなくなって試みた方法と同じだ。たしかに、あのときぼくはなにも理解していなかったけれど、タラナーが熱心に話してくれたのを思い出した。

どんな動物がいるの、とだけ質問して、あとはとにかく相槌を打ち、相手の言っていることをおうむ返しに繰り返した。すると、ブンという男性から、ポロポロとムラブリ語が出てくるようになった。しめた、と思ったぼくは、大袈裟に驚いたり、興奮したりしてみせた。実際、とても興奮した。ラオスのムラブリ語は、ほとんどデータがない。その響きは、ぼくがタイ側で聞いたムラブリ語と違うイントネーションを持ちつつ、けれど理解できる語や構文がいくつも登場した。

ブンはぼくの興奮に呼応するかのように盛り上がって、蛇の話をしてくれた。

蛇か
クルオールだ
こんな風（手を曲げて）
噛む
噛むとき（の音）はシュワ
ムラブリは首をつかんで
首を切る
腹を切り裂く

内臓を出す
長い　汚い
身を切って切って切って
水に入れる
沸騰する
実を入れ、草を入れ、塩を入れ、食べる
うまい！

周りのムラブリも、ブンの語りを聞いて笑っている。初めて笑顔を見た人もいた。質問して答える、そういう合理的コミュニケーションでは、話が盛り上がるはずがなかったのだ。ぼくはブンとのやりとりを楽しむことにした。これは儀礼的コミュニケーションだ。自分がどれだけわかったかは関係ない。お互いの存在をその場に差し出そうとする姿勢が、その場を盛り上げるのだ。

ブンからは、他のムラブリのグループ「ムラムック」についての話も聞くことができた。昔は体に刺青のあるムラブリがいて、彼らはとても攻撃的だったという。名前こそ違えど、タイ側の話と近い。悪いムラブリの話は、どの集団にもあるようだ。

翌朝、川で捕ったナマズを茹でたり、餅米を蒸して食べたり、お正月生活は相変わらずだった。会話もなくただのんびりしていると、村で最初に会ったカムノイがやってきた。どうやら、昨晩は別の場所に寝床をつくって独りで寝ていたらしい。奥さんのイリーと喧嘩したのだ。イリーの言い分はこう。

「夫と妻は一緒にいる」
「ムラブリは森に住む」
「けれどあんたは村へ行ってばかり」
「村へ行ってもなにも持って帰らない」
「もう別れたんだ」
「だから別々に寝るんだ」

ムラブリは結婚するのに儀式もなければ、婚姻届もない。別れたいと思えば別れる。ただそれだけだ。夫であるカムノイの言い分はどうだろう。

「食べ物がなくなったから村へ行くんだ」
「森には音楽を聴くための携帯電話もない」
「1人でも寝られる」

ラオスの村から6時間以上歩いてたどり着いた野営地。（撮影：金子遊）

「村へ行くのも1人で行ける」
「他の山へ行くんだ」

ガイドのラオス人はカムノイを諭して、一緒にいるように勧めるが、カムノイは飄々としたものだ。他のムラブリも彼に直接なにかを言うつもりはないようだ。ルンに至っては「村に行くんだったら、タバコ欲しい」とおねだりしている。このタイミングでそのお願いをするのか、と少し笑ってしまうが、ルンとカムノイの関係だから、別にいいのか、あぁ、そうだよなー、とぼくは胸のすく思いがした。遠慮がないのだ。いつもどこでも、一対一の関係性のなかで生きている。期待はしても強制はしない。気に入らなければ、離れるだけだ。そうやって生きれば、ちょっとしたケンカはあっても争いなど起きようはずもない。

そんなやりとりを見ながら、ふと気づくことがあった。野営地を初めて訪れたぼくを、ムラブリはほとんど気にしていないのだ。一貫して、ムラブリはぼくになにもしてこなかった。歓迎するでもなく、逃げてしまうのでもない。どこから来たかとか、なにをしているとか、尋ねてもこない。ぼくのことを、なにも言わずに、なにも知らないまま、そばにいさせてくれた。表面上はなにも起きていないのだが、ぼくはなぜだかムラブリに認められたと感じた。不思議な心地よさがあった。

夫婦喧嘩のあとは取り立ててなにも起きず、別れの挨拶もとくにないまま、野営地から村に戻る時間になり、山を降りることになった。夜に雨が降っていたこともあって、ほとんどこけながら下ることになった。ぼくはこけないように歩くことを序盤で諦めて、泥だらけになりながら滑り台を降りるように下っていったが、金子さんは慎重に歩いて下り、一度もこけなかったと言って誇らしげだった。「待ち」の自分と、「攻め」の金子さんが逆転したようで、自分のことながら、なんだかおかしかった。

後日、野営地で撮影した動画を村に来ていたルンとナンノイと見た。タイ側の映像も見せた。ナンノイに「タイ側のムラブリは同じ民族に見える？」と尋ねると、「違う」とはっきり答えた。「会ってみたい？」と聞くと、「会ってみたい」と答えてくれた。しかし、ラオス側のムラブリは国籍を持たないため、パスポートを持っていない。距離的には会いに行けるのだが、国境がそれを妨げている。ラオスのムラブリとタイのムラブリが再会する日は来るのだろうか。

100年越しの再会

ムラブリには少なくとも3つの方言グループがある。それぞれのグループはA、B、Cと呼ばれる。Aはぼくが普段訪れるファイユアク村などで話されるタイの方言で、もっとも大きいグループだ。話者は500名程度だと考えられる。タシーやブンティップが話すのが、このA方言だ。B方言もタイで話される方言で、ぼくがドーイプライワン村で再発見した方言に相当する。話者は4名しかいない。Cはラオスで、ブンの話すムラブリ語である。話者は20名程度いると考えられているが、正確な数はわからない。

このそっけない名前には理由がある。たとえば、日本の方言名は地名を用いる。ぼくの母方言である石見《いわみ》方言は、石見地方の方言だからそう呼ばれる。しかし、ムラブリは移動するから、地名を用いることはできないのだ。仕方なく、研究者はABCと呼んでいる。

ムラブリは自分と同じグループかどうかを気にする。他のグループは「人を殺して食べる」可能性があるからだ。身を守るために、見分けなければならない。しかし、同じムラブリだから、見た目で判断することは難しい。

そこで用いられたのが言葉だ。どのグループの人に聞いても、言葉によってグループを判断していたという話を聞くことができる。「森で出会って、まず少し話す。そこで言葉が違ったら、お互いに別々の道を行く」のだという。

繰り返しになるが、ムラブリ語の方言差はかなり大きい。お互いがそれぞれの方言を話すと、意思疎通が難しいくらいの違いだ。あるとき、B、Cグループのムラブリ語をAグループのタパーに聞かせたところ、「これはクム語（ラオス・ベトナム・タイで話される言語のひとつ）だ」と答えたほどだ。

Bグループはほとんど男性で、結婚適齢期の女性はもういない。他のグループと交流がない場合、そう遠くない未来に消えてしまうだろう。もし彼らが望むのなら、Aグループに引き合わせてもいいのではないかと思った。Bグループの人に、あらかじめ他のグループが来ることを伝えておき、ぼくが主にお世話になっているAグループの村で行きたい人を募った。「人喰い」の可能性のある人に会いに行くのだ。誰も来ない可能性も想定していたが、結局、老若男女15人ほどが手を挙げた。やっぱり、興味があるのだ。

手を挙げたうちの7人を乗せて、ピックアップトラックで村に向かった。道中、ム

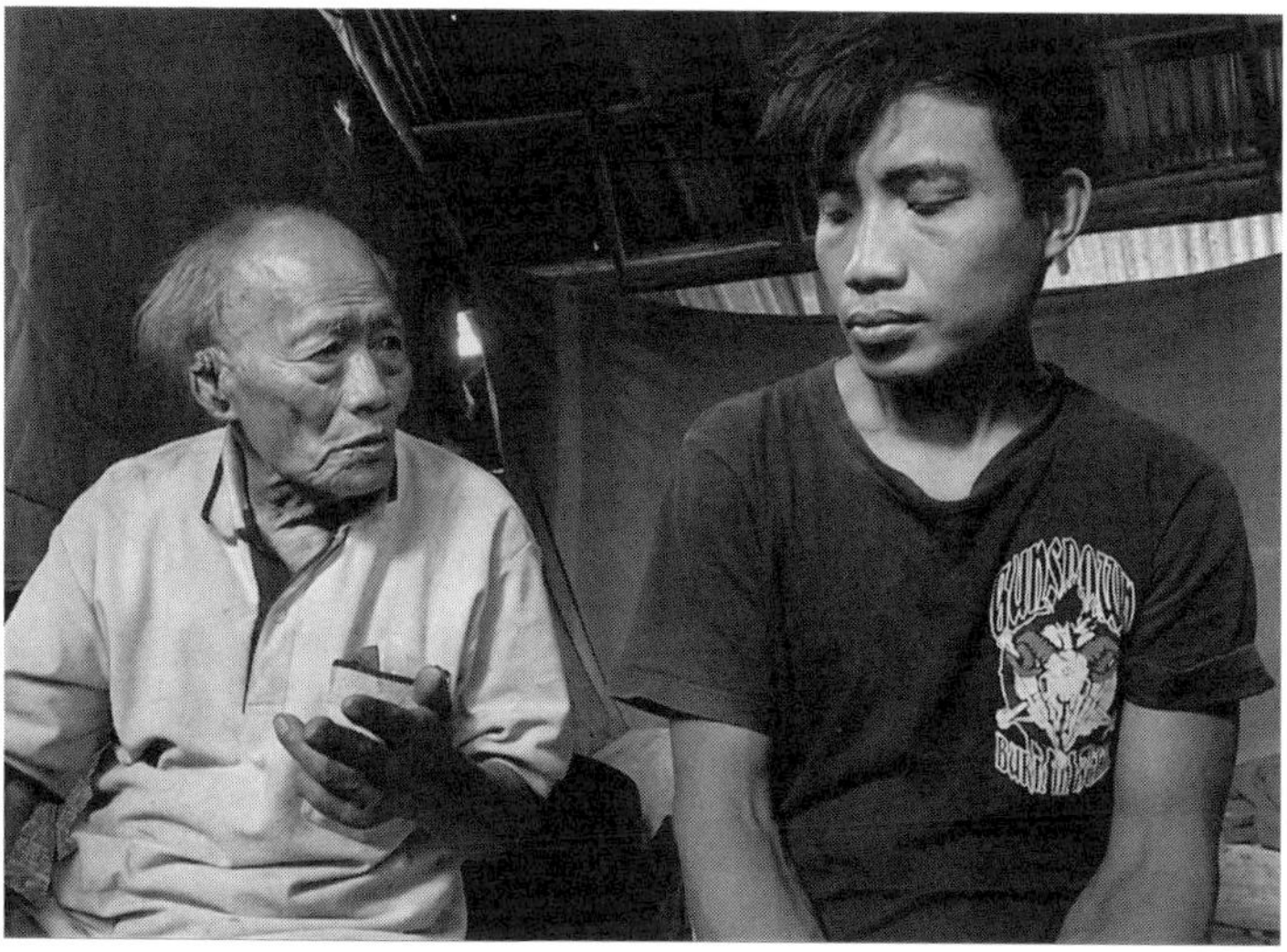
Aグループ（左）とBグループ（右）の100年越しの再会。（撮影：金子遊）

ラブリたちはとくに緊張している風もなく、むしろ遠出を楽しんでいるように見えた。怖いんじゃなかったのか。長年つきあっても、ムラブリの感情の機微はよくわからない。

2時間後、あっさりとBグループの村に着いて、再会の場面になった。推定100年ぶりの再会だから、恐る恐る接近していくのかと思ったが、ぼくの予想に反して彼らは手慣れていた。

その日、Bグループは若い男性1人しかいなかった。眠そうな感じで気だるげに外に出てくる。その男性に対して、タロンがまず北タイ語で話しかける。

「1人で住んでるの？」

「お父さんお母さんはいるの？」

「なに食べてるの？」

当たり障りのない日常会話だ。そうしてい

るうち、会話のなかに徐々にムラブリ語が混ざってくる。

「このプレッ（ムラブリ語で「実」）は食べれるの？」

「あー、食べれるよ、プレッ　トムオッだ」

「そうなんだ、わたしたちはプレッ　タオッと呼ぶんだ、プレッは同じだね」

このように、同じ部分と違う部分を少しずつ探るように会話が進んでいった。

「食べる」という単語について違いが現れたとき、Aグループの女性が突然笑い出した。

「ボンはお米を食べるときには使わないよ、おもしろい話し方をするね」

ムラブリ語には日本語の「食べる」に相当する単語が複数ある。Aグループは3つの単語がある。お米など炭水化物系のものを食べる場合は「ウッ」、お肉は「ボン」、野菜や果実などは「プイ」を使う。一方でのBグループは2種類だ。お米などを食べる場合は「ボン」を用いて、それ以外の物を食べるときは「ウッ」を使う。

Bグループの男性がご飯を食べるときに「ボン」を用いたことに対して、それまで黙っていた女性たちが口を出したのだった。それほどインパクトのある違いなのだ。

食べる	A	B
米	ウッ	ボン
肉	ボン	ウッ

A方言とB方言の「食べる」のねじれの例。

おそらく、森に暮らしていたときにムラブリと出会って、この違いに気づいたら、お互いが別々の集団に属していることをすぐに察しただろう。

「違い」を生み出せる言語

ムラブリ語の方言には、この「食べる」のような〝ねじれた〟対応関係がよく見られる。語の形は変わらずに、表す内容が交差するように入れ替わっているのだ。このような例は他にもある。ムラブリ語には「男言葉／女言葉」の区別がある語があるが、それも「ねじれた」対応をしている。たとえば、「トゲ」をAグループの男性は「ロオック」、女性は「チンベル」と呼ぶが、これとは反対にBグループの男性は「チンベル」、女性は「ロオック」と呼ぶ。また、「赤」をAグループの男性は「レン」と呼び、女性は女性語が存在しないのでタイ語を用いるのだが、Bグループの男性は「トゥウェン」、女

トゲ	A	B
男言葉	ロオック	チンベル
女言葉	チンベル	ロオック

赤	A	B
男言葉	レン	トゥウェン
女言葉	（なし）	レン

A方言とB方言の男言葉・女言葉のねじれの例。

性は「レン」と呼ぶ。

このねじれた対応は自然に起きたとは考えづらく、ムラブリが意図的に意味を変えたものと考えられる。ねじれた対応があれば、グループの判別がしやすいからだ。

人と人が出会ったとき、まず認識されるのが「性別」だとどこかで読んだことがある。想像してみてほしい。外見から男性だと思っていた人が「ですわよ」と言い出したら、驚くだろう。見た目の性別と、話し方の結びつきは思いのほか強く、それに違反しているとき、人は強い違和感を覚えるようだ。

だとすれば、男言葉と女言葉を逆転させるのは、相手を見抜こうとする場合に、非常に合理的だ。このように、相手と自分の言語を異なるものにしようと意図的に変化させることは「秘儀化（esoterogeny）」と呼ばれ、少数だが報告がある。小さなムラブリ語のなかに方言があり、それらが相互に理解できないほど隔たっているのは、この「秘儀化」が大きな要因ではないかと考えられる。

ねじれた対応などを紹介すると、「ムラブリって変なことやってるなあ」と思うかもしれない。でも、じつはこの秘儀化は、ぼくらも普段やっていることだ。たとえば、業界用語がわかりやすい。古い例だが、「寿司」を「シースー」、銀座を「ザギン」とわざわざ別の言い方をすることで、自分がテレビ業界に所属していることを暗に示したりする。若者言葉も動機は同じように思える。いつの時代も若者は新しい言葉を生み出すものだが、それは若者が既存のものに反発し、自分たちだけの所属を示すことに意欲的だからだろう。

さて、意図的な言語変化によって別々になったムラブリ。その再会は、予想を超えてAグループのムラブリがBグループに統合を持ちかける方向で進んでいた。言葉の違いを指摘しつつも、同じ言葉も見つけ出し、そこを強調するのだ。たとえば、Bグループの男性が「父も死んだ、母も死んだ」と言えば、「死ぬ（ブル）というのは同じだね」と返す。続けて、言語の違いは大した問題ではないと言い出す。

「同じ部分もあるんだから、いまはわからなくても、一緒に住むようになればすぐに慣れるはずだ」

「昔は森に住んでいてバラバラだったけど、いまは村でみんな一緒に住んでる」

「お前さんはムラブリ語を話せなくなってる」

「森に住めなくなったいま、ムラブリ語を話せるのがムラブリの証だから」

「ここにいたら、ムラブリ語をもっと忘れちゃうよ」

こんな調子で、Aグループのみんなは、Bグループの男性をリクルートしていた。初めはその積極性に驚いたが、よく考えるとムラブリはこのような統合を何度も繰り返してきたのだということに気づいた。

　ムラブリは遊動民であり、森の中を移動しながら暮らしていた。人類学では「バンド」と呼ばれる規模で、10~20人くらいの集団だったと推測される。ぼくらが会ったラオスのムラブリも同じくらいの規模だった。メンバーの入れ替えもあっただろう。

　現在の定住にシフトする時期にも、先に定住したムラブリが森に出向き、まだ森で生活しているバンドを見つけて、村に来るように呼びかけていた時期があったはずだ。つまり、彼らはずっと、新しい誰かと暮らしたり、離れたりすることに慣れていたのだ。ぼくは方言的に分離して100年以上、という言語学的な分析にとらわれていて、そのことに気づけなかった。ムラブリがシャイで内気なのは外部に対してで、ムラブリ社会の中で彼らは出会いと別れのプロだったのだ。

　長老のタパーが語り出した。


「少し私の話を聞いてくれ」

「ムラブリには悪いムラブリもいる」

「タレーもいる、タクルトレーンもいる、ムラへーンムラヨーンもいる」

「けれどわたしたちは悪いムラブリじゃない、良いムラブリだ、同じタイ人だ」

「村には若者もお年寄りもみんないる」

「気が向いたら遊びに来たらいい」

Bグループの彼がこれからどうするのかは、わからない。それは「カラム　ドゥモイ」。彼次第だ。

バベル的言語観、コーラン的言語観

言語が違うというのは、現代のグローバル社会では大きな障壁だ。「海外の人々と一緒に仕事をするために、英語を学ぼう」「英語は世界語、英語ができないと現代を生き残ることはできない」というスローガンが叫ばれて久しい。ぼくも大学教員時代は英語を教えていたから、その重要性は自分なりに考えて、納得している部分もある。

この「言語が違うことは障壁だ」という感性は、古代にまでさかのぼれる。旧約聖書のバベルの塔の逸話が有名だろう。旧約聖書によれば、かつて地上にいるすべての人は同じ言葉を話していた時代があったという。その時代、人々は協力して大きな塔を建てようとした。天にまで届くほどのその塔は、どんどんどん高くなっていく。その計画が神に対する冒涜に映ったのだろうか、神は天罰としてバベルの塔を崩し、もう二度とそのようなことができないように、人間の言葉をバラバラにした。それ以来、地上ではたくさんの異なる言語が話されるようになった、ということだ。

バベルの塔が暗に伝えるのは、「言語がバラバラだと困るよね」という思想だ。これを現代風に言い換えるなら、「グローバル規模の大きなプロジェクトを計画して実行するためには英語がないと困るよね」という感じだろうか。

その考えはたしかに否定しがたい。けれど、その考えだけが強調され過ぎると、言語学者としてのぼくは困ってしまう。「たくさんの言語があってぼくらはうれしいし、楽しい」と思って研究をしているのに、世間では「いろんな言語があるのはいいけど、ま、とりあえず英語だよね」という風潮で、反論できないが、納得もできないからだ。英語教育は常に帝国主義的な、「ひとつにまとまった方がいいよね」という価値観を無自覚にはらんでいる。言語学者はその圧力に関して敏感な人が多い。

このバベル的言語観に対して、言語学者のぼくはどのように応答しようか、と考える。すると、聖書に並ぶ聖典が助けてくれる。コーランだ。

コーランも、神様が人間をバラバラにしたと書かれている。しかし、理由が異なるのだ。「君たちがお互いをよく理解するために民族をバラバラにした」というのだ。言語学者として、この言葉にはとても深く納得する。

たとえば、友達と一緒にご飯を食べて、日本語で「おいしい」と言い合っているとしよう。そこでお互いを理解したように感じるけれど、ぼくの「おいしい」と、友達の「おいしい」は、同じ部分もあるだろうが、完全に同じではない。ぼくの感覚は言葉にした途端にその個別性が失われてしまう。しかし、同じ言語を話していると、そのことに気づくことは難しい。

しかし、もし日本語以外の言語を話す人とご飯を食べたらどうだろうか。ぼくが「おいしい」というとき、タイ語で「アロイ」という人がいて、ムラブリ語で「ジョシ」と言う人がいる。「異なる言い方をするってことは、もしかしたら感じていることが違うかもしれない」という発想が、自然と湧いてくるのではないだろうか。味覚を例にしたが、これは感情や価値観、思想でも同じことだ。

ぼくがムラブリ語に惹かれたのも、日本語と違う響きがあったからだ。もしムラブリ語がほとんど日本語と同じような言語で、聞けばすぐに理解できる言語だったら、ぼくはムラブリに興味を持たなかっただろう。日本語とは違う歌うような響きで、それが理解できないから、理解したいと思った。違うから近づきたいと感じたのだ。

言語はバベル的言語観もコーラン的言語観も、同時に内包する。「わたしたちって同じだよね」と、「わたしたちって違うよね」というメタメッセージは、言語を用いるかぎり、常に存在する。どちらかだけが正しいのではない。どっちも本当である。ぼくらは同じだし、ぼくらは違う。それは両立する。

ムラブリの再会は、言語が人々を統合し、同時に分離することを教えてくれている。ムラブリは言語によって離れ、また引き合い、それを繰り返す。

「ぼくらは違うけど同じだよ」とムラブリが言えたのは、言語にはこの2つの側面が同時に備わっているからにほかならない。

コラム❺ 映画のあと

金子さんと撮ったドキュメンタリー映画『森のムラブリ』は、タイのムラブリたちの再会シーンでおわる。その撮影のあと、ぼくらは車でフアイユアク村に戻った。村に着くと、多くの人が集まってきた。やはり気になるらしい。ぼくはみんなが再会をどう報告するのか、こっそり息を潜めて窺っていた。タシーが口火を切った。

「どうだった?」

答えたのはタロンだ。会っているときは友好的に話を持ちかけていた彼がまず言ったのは「やっぱり言葉が違ったよ」だった。

「ボン（食べる）を彼らは米に使っていた」

「なるほど、それは違う集団だね」

やはり、現在でも言語によってグループを区別する習慣は残っているようだった。

「水はジュラックだった」とタロンが言うと、「それは、タレーかもしれない」「いや、タックルトレーンかもしれない」と、ああでもないこうでもない、と盛り上がる。

そして、やっぱり彼らは違うグループのムラブリだろう、という結論になって、みんなテレビを見に戻って行った。

会っている最中は「わたしたちは同じだよ」「違うところもあるけど同じところもあ

るじゃない」「同じところもあるから、もし来たいんだったらおいでよ」と言ってリクルートしていたタロンが、帰って来た途端に「やっぱり全然違うやつらだったよ」と言う。

二枚舌ではあるが、上手いと思った。

たとえば、もし別のムラブリに会いに行って帰ってきたあと、同じ村のムラブリに「どうだった?」と聞かれたとする。そのときに「ぼくらと一緒だったよ」と言おうものなら、「え、お前もしかしてあっちのグループなの?」と疑われてしまう可能性がある。だから、二枚舌であることは、この場合は自分を守るために有効だ。

どちらにも転べる状況を常に確保しておくというムラブリのしたたかさは、学ぶところが大きいとぼくは思う。

第6章　ムラブリの身体性を持った日本人

2017年3月1日　午後7時

暗くなる前に水浴びを済ませる。暗くなるとライトをつけないといけないからだ。水浴びをする場所はトイレと同じ。ユニットバスみたいな感じ。トイレの近くに水を溜められる場所と洗面器みたいな容器があって、それで水浴びをする。寒くならないうちにすませてしまう。

さっぱりして歩いていくと、だいたいみんなバイクで帰って来る時間になる。それと同時に、隣の村のフモンの売店の兄ちゃん、ネンが来ていろいろ売ったりしている。鶏の唐揚げとか。みんなも買ってるから、自分もちょっとネンと話して、唐揚げを買った。それを食べながら村をうろうろしていると、子どもがそれを欲しそうにしていたからちょっとあげた。骨は犬にあげた。うろうろぶらぶらする。19時くらいまで明るい。軽くご飯を食べる。

食事はだいたい軽く済ませてしまう。街で買ってきたインスタントラーメンや即席のお粥みたいなやつ。売店で揚げものを食べたり、ちょっとしたサラダのときもある。タイではよく見かける、ビニール袋に入れてあるソムタム（パパイヤサラダ）、それがあれば十分。ビールを買ってもいい。ネンはビールは売っていないから、バイクで隣町まで行く。5分程で着くが、傾斜が40度くらいある坂を登らないといけないから結構大変。まあ慣れてしまえば大丈夫。下りは怖いけど。行ったら行ったでお店の人に「また来たのか」と言われて少しめんどくさい。

ムラブリのみんなは乾季だから仕事が結構忙しく、お金を貰う時期でもある。男の人はその収入でお酒を買って、みんなで飲み会をする。ビールは高級品だから買わない。透明な袋に入れてある蒸留酒を飲む。瓶ではなくビニール袋に入っている。40バーツくらい。米でつくった蒸留酒。ほんとは酒税がかかるのだが、税金から逃れるために山でつくったものが売られている。

誰かの家に集まって焚き火を囲みながら、ビニール袋の蒸留酒を汚いコップにちょっとずつ入れて、みんなで回し飲みする。「水ちょうだい」と言ったら、ガソリンを入れるようなポリタンクを渡された。中に水が入っている。それをみんな直接飲んでいるから自分も飲む。中は藻だらけだけど、ま、いっか。みんな飲んでるし。でもお酒がきっつい。度数が高い。

みんな饒舌になっているけど全然大したことは話していない。お決まりの言葉がある。「いいか、みんな、聞けよ」。おじさんが「あなたたち聞きなさい」と諭すように言うニュアンス。それを言うとみんなその人の方向を見る。すると、数を数えだす。

「1……2……3……5……」

「違う！　違う！」

数えられていない。それを見てぼくもあはは〜って笑う。

ぼくはたくさんは飲めない。お酒が回ってきても飲まないときはスキップできる。

「自分はいいやつだからタバコも酒もしない」

「だよね〜！　でも俺は悪いやつだから飲むね〜！」

飲み会はこんな感じ。お酒がなくなったらみんなパッと帰る。お酒がなくなってからも居残ってうだうだ話すとかはしない。

お酒を飲まない人たち、おじさんおばさん、女の人、子どもたちはタシーの家でテレビを見ている。

自分は飲み会が終わったら、そのままの格好で寝袋に入る。パジャマとかはない。その日調査ができていたらそれを聞き直して、誰の録音か、どこで撮ったのか、いつ撮ったのかを記入して、その日の出来事をちょっとした日記にする。

自分自身を研究成果とすること

ぼくはムラブリ語を美しいと思った。なぜ美しいと思えたのだろう？

ぼくはムラブリ語を学び、話せるようになった。なぜぼくはムラブリ語を学び、話せるようになったのだろう？

ぼくはムラブリ語を研究している。どこまでいったら、ぼくはムラブリ語をわかったと言えるのだろう？

ここから書くことは、紛れもないぼくのムラブリ語の研究成果だ。ぼくは「ムラブリ語を話せるようになる過程で変化した自分自身」が、なによりの研究成果だと思っている。だから、この本で書いていることはムラブリのことではなく、ぼくのことだ。けれど、それはムラブリがいなければ起きなかったという点では、ムラブリのことに違いない。ぼくの主観的な経験としてムラブリを語ること。そういうやり方が、ぼくはムラブリをみなさんに知ってもらう、もっともよい方法だと考えている。

ということで、しばらくぼくの物語を書いていきたい。話はぼくが大学教員を辞めたところからはじめることとしよう。

ぼくは２０２０年3月に大学教員を辞めて、独立研究者となった。

たまたま知り合った才田先生がムラブリに興味を持ち、一緒に村へ行くことになったことは第5章で少し書いたが、その先生に大学でTOEICの講座を担当する機会をいただき、それがそこそこ好評だったこともあって、大学教員への道にありつけたのだった。大学教員になりたくてもなれない研究者がたくさんいるなか、ぼくの境遇は僥倖としか言えない。けれど、ぼくはその教員を2年で辞めてしまった。申し訳ないとは思いつつ、仕方がなかった。研究ができなかったからだ。

ぼくは事務仕事ができない。やろうと思えば人並みにできる（と自分では思っている）。けれど、その人並みにするためにかける労力によって、ぼくはぼくのやりたい研究ができなくなっていた。学生時代に就職を拒否した理由がいまになってわかる。ぼくは勤めることに向いていない。

朝に出勤するのも、とても苦手だった。毎朝同じ時間に事務室へ行き、ハンコを押す。それだけのことなのに、とても難しく感じられた。ハンコを押すのが苦痛過ぎて、そのことを思うと朝起きれない日もあった。みんながふつうにこなしていることができない。そのうち慣れると思った。やり方を工夫すればいいと考えて、大学に徒歩3分の場所に住み、研究室に寝泊まりしたり、大学に行く以外はなにもしないことで、大学教員らしい振る舞いができると考えていた。単純に、向いていないことを無理してやっていただけだと、いまならわかるが、やっている間はわからないものだ。

教員を辞めたきっかけは２つある。まず、同期で入った人が辞めると言い出したこと。そこで辞めるという選択肢が出てきた。けれど、それは決定打にはならなかった。そして決め手となったのは、プロ奢ラレヤーという、他人に奢られて生きる青年を知り、彼の本を読んだことだ。『嫌なこと、全部やめても生きられる』という本だ。それを布団の中で読んで、その日に辞職することを決めた。その翌週に辞表を出した。２０２２年の２月後半だった。

大学を辞めたら、本質的なことを研究しようと考えていた。本当にぼくの気になることを追いかける。大学院を出た後のぼくは、結婚もしていたし、子どももいたので、安定した収入を得るため、つまりは大学教員になるために、研究をしていた。研究成果の出やすい、また評価されやすいテーマを選び、研究発表をし、論文を書いた。質よりも量だと考えた。発表の件数と、論文の本数が、研究費の獲得と研究職の就職に重要だとわかっていたからだ。大学教員になれば、経済的にも時間的にも自由になり、好きな研究ができると思っていた。

けれど、ぼくの場合は、そうではなかった。教員になってみてわかったが、経済的には楽になったけれど、時間はなくなったし、研究テーマも結局、限られた時間でこなす作業になっていった。教員になる直前に離婚をして、気が抜けてしまったことも重なった。その結果、大学教員でいることに価値を見いだせなくなっていった。

身体と言語

教員を辞めて、しばらくいちご農家のバイトをしながらぼんやりしていると、やりたいテーマを思い出してきた。ぼくは「身体と言語」について、興味を持っていたのだった。

そのことを思い出したきっかけは、大学院生時代に買った本だった。『武学探究』という、武術家である甲野善紀先生と光岡英稔先生の本だ。院生時代は言語学とはまったく関係ないと思っていたのだけれど、教員を辞めた後になぜかその本を読み直して、「これだ」と思った。ちょうど光岡先生の講座が近くであったので、さっそくそれに参加することにした。

そこで、ぼくは「型・礼式」の意味を知ることになる。武術に伝わる型や礼式は、それを生み出した人の経験をいまに伝えてくれているものだ。そのとき、光岡先生から習ったのは相撲の礼式である、塵手水《ちりちょうず》というものだった。その礼式を見様見真似でおこなうと、自分の感覚としてはなにも変わらないのに、物理的な条件を同じにしておこなう稽古（「試し稽古」と呼ぶ）の結果が異なるのだ。

光岡先生によれば、塵手水の礼式によって、相撲に必要な身体性が立ち現れるのだという。誰が塵手水の礼式をつくったのかはわからないが、その人の経験が、型を通じてぼくにやってきて、その結果、ぼくは相撲をとる身体性を養っているというのだ。

「言語も型なんですよ」

光岡先生は、驚いているぼくにそう言った。言語も型。型はぼくをその場にいない人の経験につないでくれる。そのときのぼくは、その意味がまったくわからなかった。だから、ぼくは光岡先生の講座に通い、稽古をし、光岡先生の言語観、光岡言語学を学んでいくことになる。

そして、ぼくはいま、言語は型であるということを、はっきりとぼくの言葉として話すことができる。もちろん、光岡先生が観ている世界と同じとは思わないけれど、ぼくはぼくの経験として、言語を捉えるようになった。

たとえば、ぼくがムラブリ語を話せるようになったとき、なにが起きたのか？　それは、ムラブリ語という型で、ムラブリの身体性にアクセスすることに慣れた、といまのぼくなら答えるだろう。

いきなりこんなことを言われても伝わらないと思うので、順序立てて説明していきたい。

まず、ぼくがこうして書いている単語一つひとつは、すべて他の誰かがつくったものだ。ぼくのつくった単語は、辞書に載っていない。これからがんばればいくつかは辞書に載る語をつくれるかもしれないが、せいぜい数十個だろう。それはどの言語でも同じだ。誰かが既存の言語を話すとき、必ず誰かを引用している。忘れがちなことなので、まずこの事実を思い出しておきたい。

次に、ぼくらが引用する語がどのように生まれたかを考えてみよう。どの語も必ずどこかのタイミングで、誰かがつくったものだ。ムラブリ語の単語をひとつ例に考えてみよう。なんでもいいのだが、ここでは、「クルポッ」にしよう。「雷」を意味するムラブリ語だ。

「クルポッ」という単語は、過去に誰かによってつくられたものだから、その単語がまだない時代があったはずだ。「クルポッ」という単語がなかった時代には、雷は存在しなかったのだろうか？　素朴に考えて、雷は存在していただろう。ムラブリは「クルポッ」という単語をまだ持たないときも、雷を経験していたはずだ。

あるムラブリが、空が暗くなったときに、一瞬明るくなり、遅れて空から大きな音が鳴り響くという経験、つまり雷を、誰かと共有したくなった。それを声にして表したくなった。なんとか表そうと思って出た声、音が「クルポッ」だった。それを聞いた人は、瞬時にかどうかはわからないが、言葉で説明を受けずとも、「クルポッ」があの、空が暗くなったときに、一瞬明るくなり、遅れて空から大きな音が鳴り響く経験を指していることがわかったはずだ。その瞬間、その経験は共有され、「クルポッ」というそれまではなんの意味も持たなかった音の配列が、「雷」を意味するようになったのだ。

単語が生まれる瞬間

この「クルポッ」誕生物語のように、すべての単語には、このような瞬間があったはずだ、とぼくは考えている。「カミナリ（雷）」のような、「神」と「鳴り」を合わせた語も同様だ。「カミヒカリ（神と光）」や「ソラナリ（空と鳴り）」などの表現もありえたのに、「カミナリ」が誕生して定着したのは、偶然や多数決のような政治的な理由でそうなったとは考えられない。「カミナリ」が「カミナリ」なのは、その単語を生み出した人にとっては、必然なのだ。

このように、単語が誕生する瞬間には、言語記号の説明でよく登場する「恣意性」は存在しないのではないか。恣意性とは、語の形や音と、意味の間には、なんら決まり事がない、たまたまそうなっているだけだ、という考え方で、現代言語学では、よく受け入れられている考え方だ。たとえば、「犬」という意味を表す語は、言語によってさまざまだ。日本語は「イヌ」、英語は「ドッグ」、ムラブリ語は「ブラン」のように、言語によってそれぞれ異なる音を当てはめている。この事実から、語の形と意味には絶対的な関係はないように見える。

しかし、この恣意性という考え方には、「イヌもドッグもブランも、同じ意味を表している」ということが前提になっている。この前提に、ぼくは納得がいかないのである。たしかに、四足歩行の哺乳類でワンワンと鳴く、という点では同じ意味を表している。けれど、先ほどの「クルポッ」誕生物語を思い出すと、そのとき共有された経験と、たとえば「雷」誕生物語で共有された経験は、似ているが同じではないとわかる。一度として同じ雷は存在しないし、感じ方は人によって異なるはずだからだ。

さらに、「クルポッ」誕生の瞬間、雷の経験を「クルポッ」と呼んだ人と、それを受け取った人との間では、強烈な一体感があったと想像する。まさに「クルポッ」は「クルポッ」でしか言い表せない、と2人は感じたのだ。「クルポッ」という音やリズムは、ムラブリの身体性で感じる雷をよく表していたはずだ。ようするに〝センスのいい語〟だったのだ。だからこそ、いままで使われてきたのだろう。そのようにして語が生まれると考えると、恣意性がいうところの「どんな音でもよかった」という主張が、軟派に思えてしまう。どんな語が生まれる瞬間でも、その音でしかありえない、という劇的な瞬間がある。その瞬間の強度が、その人たちが死んでもなお、ぼくらに経験を伝える礎になっている。

ぼくらは忘れがちだが、誰にでも語はつくれる。毎年たくさんの流行語がつくられては消えていくが、語をつくるのに資格はいらない。必要なのはセンスだけだ。その時代の人々を、新しいと思わせつつも、理解できる音の連なり。それを生み出すのは、簡単ではない。ぼくは単語が生み出されることは芸術作品をつくることに匹敵すると考えている。ぼくらは話すとき、誰かの芸術作品である言語を引用して、会話をしているのだ。

さて、このように考えると、誰か２人が会話しているときでも、必ず三角形の関係性が結ばれていることがわかる。さきほど、「話すことは引用すること」だと書いたが、それは話を聞いている人も同じだ。聞いている人も、その単語をつくった人たちの経験を通じて理解していることになる。つまり、話し手と聞き手は、２人の間でやりとりをしているようで、じつのところは、語のつくり手たちの経験にそれぞれつながっていることを、「理解」と呼んでいるかのように思える。

ぼくがムラブリ語を話せるようになった、ということは、ぼくがムラブリ語の語や文法を記憶したということだけではない。それは、ムラブリ語という積み重ねられた

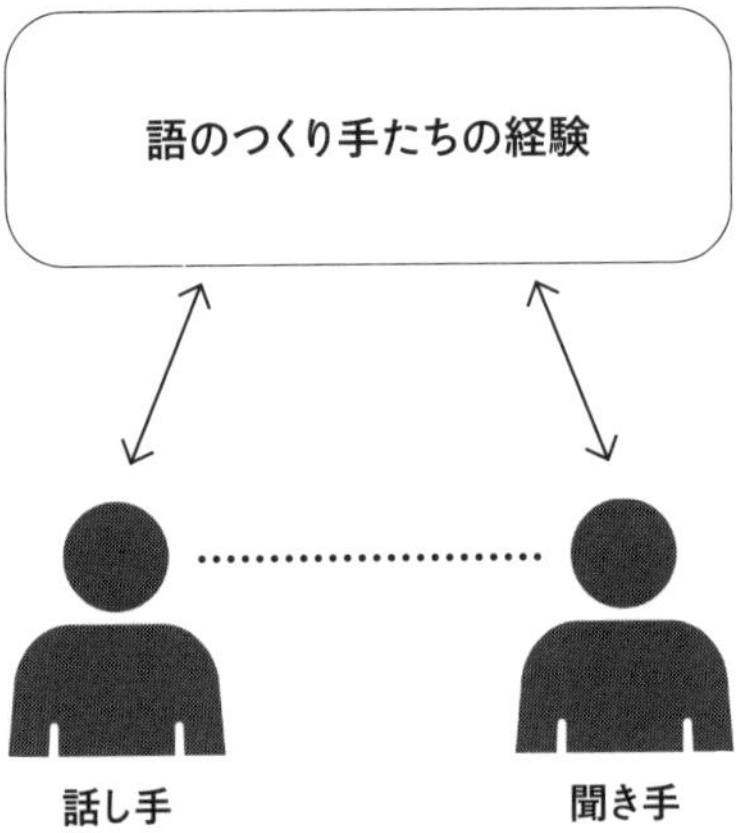

対話の三角形

経験のアーカイブ、つまりムラブリの身体性にアクセスすることに慣れた、ということでもある。そして、そのアクセスがスムーズになるほど、ムラブリ語を「真に受ける」ことができるようになる。つまり、ムラブリ的なセンスで生きることが可能になるのだ。

　ムラブリ語を「真に受ける」ことの作用は、とても具体的なことでもある。たとえば、ムラブリ語を話しているときは、深くしゃがむことができる。ムラブリはキレイに脚を抱え込むように深くしゃがむが、ぼくもその体勢をとりやすくなるのだ。ぼくは足首がかたいので、昔はほとんどしゃがめなかったが、いつの間にかしゃがめるようになっていた。他にも、映画の舞台挨拶でムラブリ語を話すことが何度かあったのだが、日本語で話しているときに比べて、ムラブリ語で話しているときは、近くに座る人に目線が合わず、遠くの席、だいたい20〜30メートルくらい離れた場所にいる人に向けて話そうとしている自分に気づく。おそらく、ムラブリが森の中で話す距離感がこのくらいなのだろう。たしかに、彼らは村では寡黙だが、森の中では饒舌で、見えないくらい離れた人と大声で会話をする。
ムラブリ語が上手に話せることよりも、このような変化に気づくときが、なにより
ムラブリ語の上達を実感する瞬間だ。ムラブリと一緒にいない時間も、ムラブリ語を
「真に受けて」生きている。ぼくはムラブリの身体性を、知らず知らずのうちに身に
つけて、日本に持ち帰っていたのだ。

ムラブリの身体性で「ふつう」を疑う

このようにムラブリの身体性で生きるようになってから、いままではふつうに見過ごしていた物事に、違和感を感じるようになっていった。

大学教員になった30歳になりたてのころ、初めてお給料をもらうようになった。通勤手当や家賃手当、ボーナスなどももらえるようになった。すると、それらの給料が、なぜその金額なのかに納得できない自分に気づいた。手取りがだいたい25万円前後だったと記憶しているのだが、どうしてその金額になるのか、考えれば考えるほど、よくわからなくなる。給与規定を読んでも、ネットで調べても、貨幣についての人類学的な考察を読んでも、ぼくの給料がなぜこの金額なのか、納得することはできなかった。

給与明細を眺めると、いろいろな名前の税金や保険が引かれている。税金も保険も頼んでもいないのに、引かれている。これもやっぱりよくわからない。「税金のおかげでインフラや福祉や医療が整い、安心して暮らせているんだ」とか聞いたことがあるのだけれど、ぼく自身はあまり税金や保険で安心できている実感がない。援助が必要な人がいて、それを支えているのだとは思うし、いまはたまたま健康なぼくがそういう方々に代わってなにかをするのはやぶさかではないのだけど、ぼくの納めた税金でこんなに人が助かっています！　というのがもう少し見えやすくならないかなぁ、といつも思う。

税金というのも不思議なもので、まずみんなからお金を集めて、その集まったお金でなにをやるか決める。それで予算が足りないとか、予算を使い切らないと、なんてことを考え出す。それよりも、最初にやりたいことを決めて、それを実現したい人がお金を持ち寄ってことを進めるのが、真っ当なやり方に思える。税金は強制型のクラウドファンディングだとわかると、リターンが判然としないし、強制なのも納得いかない。個人や会社でのクラファンがふつうにおこなわれるようになった昨今にあって、どうして国レベルになると、おかしなクラファンになるのか、ぼくにはよく理解できない。

モノやコトに値段がついているのも、よくわからない。スーパーで売られているトマトはだいたい100円くらいだが、なぜそれが100円なのか、よくわからない。トマトが好きな人もいて、トマトが苦手な人もいる。お腹が空いている人もいて、お腹がいっぱいの人もいる。それぞれの人にとって、スーパーに陳列されているトマトは、異なる価値を持つはずだ。けれど、トマトは一律、100円なのである。

ムラブリがトマトを目の前にして、まず考えるのは「いるか、いらないか」だと思う。お腹が空いているならいるし、トマトを食べる気分じゃなければいらない。いるとなって初めて、それをどうやって手に入れるか考えるだろう。売っているものなら、お金があるか確かめるし、畑になっているものなら、畑の持ち主に聞くだろうし、森になっているものなら、いただく（森にトマトはならなさそうだけど）。

ぼくの場合はスーパーのトマトの前で、買うか買わないかを迷っているとき、ぼくはトマトが欲しいのか欲しくないのかよりも先に、買えるか買えないかの基準で考えていることに気づく。そもそも、自分の給料で買える価格帯の商品が売られているスーパーを選んでいるところから、ぼくはすでに選ばされている。

これはトマトに限らない。お昼ご飯だってそうだ。漠然とお昼だからというくらいの理由で、お昼ご飯を食べようとする。お腹が空いているかどうかの見極めもせずに、財布を開いて、どのくらいあるかを確かめ、その財布にあるお金に見合ったお昼ごはんを食べる。お金があれば外食し、お金がなければ自炊する。多くの場合、食べ過ぎてしまう。

こんな風に、ムラブリの身体性から見るぼくの日常は、これまでしているからとか、他の人もそうだからという理由だけで、「なんとなくしている」ことで埋め尽くされていた。自分の心からしたいことが、どれだけできているだろうか？　何不自由ない生活を送っているはずなのに、心からしたいことから遠ざかっているかのように思えるのはなぜだろう？

ここであらためて給与明細を見る。ぼくはこれだけのお金が必要なのだろうか？　ぼくが生きるのに必要なモノはなんだろうか？　いままでほとんど考えてこなかったことだ。

ムラブリは生きていくのに必要なことをぼくより知っていて、しかもそれを自分でできているように見えた。森の中で寝床をつくり、食べ物を森から与えられ、川の水や湧き水を飲み、服の代わりに葉っぱに身を包んで、歌うように話しながら生きる。村に定住した現在においても、10代になればほとんどのムラブリは寝床を自分の手でつくれるし、資源がある限りは食料や薪を森から調達する術を身につけている。別に学校で教わるわけではない。必要だから身につくのだろう。

一方ぼくは、30数年も生きて、家もつくれないし、服もつくれない、食べ物も自分で調達できない。家のつくり方を知らないので、アパートに住んで家賃を払っている。布を織って裁縫して服をつくることもうまくはできないので、お金で買っている。清潔なキッチンで料理することはできるけど、食材は買ってこなければならず、野原に行っても食べられる草とそうでない草の見分けもつかない。動物を捕まえて、屠殺することもできない。自分を生かすために必要なスキルはすべて外注して生きていることに、この年齢でようやく気づいたのだった。

自分の生を外注している間は、ぼくはお金に頼らざるをえない。けれど、お金を稼ごうにも、給料の算出根拠が不明で、どのような金額だったとしても、おそらくぼくは納得することができない。納得できないものに頼って生きていることを自覚しているのに、そんな自分の人生に胸を張れるだろうか。ぼくには難しく感じられた。大学を辞めて独立研究者を名乗ってはいたが、結局はお金に依存して暮らしている自分に「なにからの独立だよ！」とツッコミを入れながら、自分の肩書きに納得がいかなくなってもいた。生活するためにお金が必要であり、そのお金を得るために研究している限り、ぼくはぼくの本当の関心へと向かえない。では、どう生きるか？

ともかく、まずはムラブリを見習って、衣食住を身ひとつで賄えるようになることを目指そうと考えるようになっていった。

現代日本でムラブリのように生きるには

ちょうどそのころ、光岡英稔先生の導きで、梶川泰司所長に出会うことになる。梶川所長はアメリカの発明家であるバックミンスター・フラーの唯一の共同研究者であり、シナジェティクス研究所の所長だ。高度な幾何学研究に基づく、さまざまな構造物を発明されている先生だが、ぼくがもっとも共鳴したのは、梶川所長が目指す生き方だった。

梶川所長は「4つの無」を謳っている。「無線」「無管」「無柱」「無軌道」である。

①無線：電線などを用いない。いわゆるオフグリッド。
②無管：上下水道管を用いない。
③無柱：住居に柱を用いない。
④無軌道：道路などのインフラに左右されない移動。

梶川所長は「本当に幸福な人の笑顔を見たことがない」と言う。人類はずっと生活の不安を抱えて生活している。生活の不安からの解放を達成するのはテクノロジーである。そのテクノロジーを発明するのが、ぼくの理解する梶川所長の目標であり、その象徴が「4つの無」だった。

梶川所長の思想のバックボーンには、共同研究者であるバックミンスター・フラーの思想が色濃くある。彼は「宇宙船地球号」という言葉をつくった人で、地球にある資源とエネルギーで、いまよりずっと多い人口を養えるということを、包括的な計算で算出した人でもある。その計算結果から、戦争に用いられる「殺戮器（killingry）」をつくるために消費している資源を、生きるために用いられる「生活器（livingry）」をつくるために用いれば、すぐさま食料問題もエネルギー問題も解決するという。それがおこなわれないのは政治や利権が邪魔をしているからだと指摘した人だ。［フラー、梶川、2004］

この話を知って、ぼくは「生活器」が欲しいのではないかと思った。生活の心配がなければ、自由に研究できる。心からしたいことに没頭できる。しかし、「生活器」はまだ実現されていない。フラーはドーム型の構造物を発明した人でもあるが、ドーム型の自律型シェルターを工場で大量生産して、それを空輸して人々に届ける計画を20世紀初頭にはすでに計画していたという。恐ろしいまでの先見性だ。ただ、フラーの「生活器」のコンセプトには共感するけれど、その達成方法はぼくにとっては少し大掛かりに思えた。ぼくが大きな工場を持つことはできないという実現可能性の問題もあるが、そもそも大勢の人が規格化したものを持っていることに、少し違和感があった。「生活器」は環境によっていろいろな形態があっていいし、なにより工場ではなく人の手で、それも小学生くらいの子どもでもつくれるものが理想的だと思ったからだ。

ムラブリは、森の中でバナナの葉や竹を用いて、小さな風よけをつくり、寝る。それはたしかに難しくないし、子どもでもできることかもしれないが、それは豊かな森が身近にあることが前提にある。日本でバナナの葉と竹でできた家に住むのは難しいだろう。そもそも、日本でムラブリの暮らしを再現したいのではない。ムラブリの身体性を持つ人が、現代日本で違和感のないように生きることを望んだら、どのような生き方を達成するのか。ぼくが追求したいのはそういうことだ。そして、その課題はぼくがぼくに課すほかない課題である。

そこで、フラーの「生活器」のコンセプトを、ぼく個人のために、ぼく個人でできる範囲で達成するためにはどうすればいいかを考えるようになった。梶川所長と出会って、自分の願望が具体的になった。ぼくはつまり、自分でつくることができて、環境を搾取したり汚さないどころか、調和しつつお互いに活性化し、地球のどこでも、もっと言えば宇宙どこでも、1人で生きていけるテクノロジー、言うなれば「自活器（self-livingry）」が欲しいのだ。それが、ムラブリの身体性を日本に持ち込んだぼくが、胸を張って心地よく生きていく方法なのだと、いまのところは考えている。

自活器は途方もないテクノロジーに思える。たしかに、それは一朝一夕にはいかない。だから、取り掛かれるところから、取り掛かるしかない。千里の道も一歩からだ。

梶川所長と時間を共にしたことで、梶川所長の身体性も獲得していたのかもしれない。2022年1月、ぼくは仕事仲間と一緒にフラー式ドームの簡単な施工方法を発明した。

瓦を支えるために用いられる薄く細い木材と、サッカーゴールの網に使われているポリエチレンのひも、そして結束バンドだけを用いて、ドームを建てることに成功したのだ。金属類はいっさい必要としない。大きさも自由につくることができる。要領さえつかめば、子どもでも施工可能だと考えている。実際、直径3mほどのドームは、大人2人で30分程度で施工できた。

家を自分で建てるのは大変だ。たくさんの資材がいるし、技術もいる。かといって、家を買おうものなら、お金がかかる。それは「自活器」のコンセプトからは遠いものだ。このドームはまだまだ開発の途中だが、家や部屋に代わるものになるかもしれない。発明してまもないころに、金子さんと撮った映画『森のムラブリ』の上映がはじまったため、ドームの研究は一時停止中だが、これからこのドームに自分で住み

開発した携帯できる住居用ドーム。（撮影：木村圭志）

ながら、どのように生活できるのか実験するつもりだ。

正の走〇〇性

ドームをつくる以外にも、実践として衣食住を賄う方法を探究する道も考えている。テクノロジーではなく、スキルを探究する方法だ。

あるとき、ぼくがドームをつくって自給自足して住みたいんだ、ということをプロ奢ラレヤーに話したことがある。すると彼は「人の家に住んだ方がはやくないすか？　ムラブリが東京に来たら、そうすると思うな〜」と言った。

そのとおりだと思った。ドームを含む、1人でどこでも行けるテクノロジーは諦めていない。けれど、ひとまず生きるにあたっては、「人の家の空きスペースに寝る」で事足りる。

人の家とか人の土地というのもおもしろい考え方だ。その土地は所有される前からそこにあったわけだから、どこかの時点で誰かが所有権を主張したのだろう。それが何百年も引き継がれていまに至るわけだけど、最初に所有権を主張した人は、なにを根拠にそんなことを思いついたのだろうか、といつも不思議に思う。

日本史で墾田永年私財法を習った。開墾した土地は所有していい、という法律だ。

なんともすごい法律だと思う。日本史は苦手なのでくわしいことはわからないが、土地はあなたも所有できる、という発想自体が当時ウケたのではないか。そんなことできたのか！　という驚きとともに、開墾の盛り上がりがあったのではないかと、勝手に妄想している。もちろん開墾をしたいわけではない。第4章で述べたように、「所有」という概念も普遍的なものではなく、言い方を選ばなければ、単なる言いがかりでしかないからだ。

そんな風に考えるようになってから、人のお家にお世話になることが増えていった。頼めば泊めてくれる人は案外多い。初対面の人でも泊めてくれたりする（その人が害のない人かどうかの見極めが必要だが）。野宿することも増えた。場所を選ばなければ、寝られる場所は意外と多いのだ。

ムラブリも、村の中の寝たい場所で寝る。自分の家だけでなく、友達の家で寝たり、暑い日は夜間に仕事をするために畑で寝たり、狩猟へ出かけるときは森で寝る。

どこでも寝るスキルがあるから、できることでもある。

食事もそうだ。朝食を食べるようになったのは、エジソンがトースターを売りたかったから、という話もあるように、必要なだけの食事をすることが果たしてできているのか、本当はわからない。

一度、これまでどれだけの量のお米を食べてきたのか、計算したことがある。お茶碗いっぱいにつき、150g、密度は0・9ほどだから、体積は160ml程度であるとする。1日に多く見積もって3杯食べたとすると、一年間でだいたい1100杯。年間での体積は約176Lだ。これを35年続けたとすると、約6160Lだ。8畳の部屋が27㎥（13平方メートル×2・1m）とする。それをリットルに直すと、27000Lだ。つまり、35年、毎日3杯のご飯を食べても、その体積は8畳の部屋の4分の1も埋まらないのだ。ぼくはこの計算が間違いじゃないかと、何度もやり直した。実際、いまも少し疑っている。想像よりも少ないのだ。

自分の食べている量も把握せず、どれだけ食べたらどうなるのかを自分で感じずに、流されるままに朝ごはんを食べ、買い食いをし、食べ過ぎたと後悔する。ムラブリといると、彼らは決して食べ過ぎないことに気づく。お米をやかんにパンパンに炊いて、食べたい人が食べたいタイミングで食べたいだけ食べ、傷んできたら豚の餌にする。お米がなければ他になにか食べ物を探しに行く。朝だから、お昼だから、などの理由はなく、食べたいものをつくり、残ったものは分け、余ったら他の動物にやる。とてもふつうで当たり前のことをしているのに、なぜか日本にいるとそれが難しく思えるのだった。

本当にお腹の空いたときに、近くにいる人と食事を共にする。そんなシンプルなことさえも難しくしているのは、他の誰でもない自分自身である。

少しずつ、お腹の減り具合を身体と相談しながら、食事に向かえるようになってきている。朝だから、昼だからという理由だけで、食事することもなくなった。たまに道端の雑草を無造作にとってきて、食べてみるようにもなった。食べ物を買わずに調達できるようになりたいからだ。米軍のサバイバル演習で採用されている「ユニバーサル・エディビリティ・テスト」という、それが食べられるかどうかを判定する方法がある。それを簡易的に用いながら、安全性をそこそこ確保して、雑草を食べる。図鑑などで調べたら早いのだろうが、それだと図鑑がなければ判断できなくなる。理想は自分だけで判断できるようになることだ。もちろん、まだまだ見分けることはできないし、選んだ雑草はたいてい繊維が噛みきれなかったり、味が慣れなかったりする。いかに自分がスーパーの野菜に慣らされているかを思い知らされる。

服装も同じである。ムラブリの村と日本での生活を同じものにしていく過程で、服装はどんどんシンプルになっていった。靴下をはかなくなり、雪駄を年中はくようになった。真冬の雪の中でも雪駄だ。慣れれば雪道でもなんとかなる。滑るから気をつけなければならないけど。ズボンのゴムなども苦手になり、はいているズボンのゴムを外し、紐を通して輪っかにし、その端にレシートなどを折って棒状にしたものを巻きつけることで、ベルト代わりにしている。しかもアジャスト機能つきだ。我ながらいいアイデアだと思う。

そしてふんどしである。ふんどしは、ムラブリの身体性にとてもフィットし、心まで軽くなる。洗えばすぐ乾くし、畳むとコンパクトになるのもいい。ムラブリは焚き火の火に当てて洗濯の代わりにしていたというが、ぼくはまだそれは試していない。

ぼくは一度、タクウェーンに「ぼくはムラブリにはなれないかな」と聞いたことがある。彼はキッパリと「なれない」と言った。その真意はいまでもわからない。しかしいまは、ぼくがムラブリになれないことが大事なのだと思っている。日本で生まれ、日本で育ったぼくが、ムラブリに関心を持ち、ムラブリ語という型によってムラブリの経験アーカイブとつながる。その経緯を踏まえたからこそ、できることがあると思えるようになったのだ。そのできることとは、タクウェーンが諭してくれたように「ムラブリになること」ではない。ただぼくがぼくらしくいようとする手助けとして、ムラブリの存在がぼくに訪れたと考えたいのだ。

ぼくはぼくに向かうために、ムラブリに出会ったのだろう。唯一ぼくが示した正の走性である「正の走ムラブリ性」。あれはきっと「正の走ぼく性」の一面だったのだ。

「自由」の伴走者

ムラブリは体調が悪くても病院には行きたがらない。けれど急患のときには、「病院に連れてって」と言われることがたまにある。

ある日、友達のお父さんが胸が苦しいというので、街の病院へ連れていくことになった。病院はとても待たされるので、泊まりがけになる。タイの病院内には雑魚寝できるスペースがあり、ぼくはムラブリと一緒にそこで雑魚寝をして時間を潰していた。

だらだら寝ているると、身なりのきれいなタイ人のおばさまが、こちらに向かって遠慮がちに笑いかけているのに気づいた。明らかにぼくを見ているので、なんだろうと思い、見つめ返していると、なにも言わずコンビニの袋をぼくに渡してくれた。

食べなさい、ということらしかった。ぼくはなにが起きたのかわからず、きょとんとしてしまったが、おばさんが立ち去って数秒後にようやく事情が飲み込めてきた。

汚い泥まみれの格好で、顔つきもタイ人っぽくなく、タイ語も喋ってない（ムラブリといたのでムラブリ語を話していた）。なるほど、自分は少数民族に見えたんだ、お金を持っていないように見えたから、施しの対象になったんだな、と納得した。

コンビニ袋の中には、菓子パンとあんまんが入っていた。

「ありがとうございます！ 儲かった！」という感情はなかった。「水が流れてきた」「きのこが生えてきた」という感じで、とても自然に感じた。日本人的な感覚だと「ありがとうございます！」となるが、ムラブリといると、そうはならないことが不思議だった。そんな感情についてムラブリの友達と話すこともなく、ただ黙って一緒に分けて食べた。

振り返ると不思議だが、そのときはそれが自然だった。

なぜこの話を最後に取り上げたのかというと、この本を通底するテーマを象徴する出来事だと思うからだ。ぼくは明確に望まないうちに、不思議と与えられてきた。菓子パンしかり、映画しかり、この本しかり、ぼくはぼくの関心にしたがって、性質に無理のない範囲で、自分らしくあるために生きようとしているだけなのに、不思議といつも、しかもタイミングよく、身に余るオマケがついてくる。

ぼくはただ、就職したくなくて大学院へ行き、ムラブリ語の響きが美しいと思ってムラブリ語を選び、たまたま出会った金子さんがいて映画ができて、大学教員をしたくなくて仕事を辞め……といった具合に、たまたまの連続があっただけだった。しかし、その結果として、いまこのタイミングでムラブリの映画が上映され、本を執筆している。

ひと昔前だったら、ムラブリを紹介しても「珍しい民族がいるんですね」でおわっていたのではないかと思う。じつは、ぼくもそういう反応が多いのだろうな、と思っていた。しかし、映画の上映がはじまって、感想をいただくようになると、「これまでの自分の生活を振り返るきっかけになった」とか「現代社会の問題を浮き彫りにしてくれている」などの感想が多いことに驚かされた。おそらく、このタイミングでムラブリが日本に紹介される意味があったのだと思う。

それは自分の采配ではない。なにかはわからないが、少なくとも自分の意志ではない、なにかしらの存在が動いているのを感じてしまうのだ。

ムラブリは地味だ。タイの山岳部には他にも少数民族はいっぱいいて、みんなきらびやかである。「タイ　少数民族」と調べると、まず出てくるのは銀細工、あとは刺繍だ。それも鮮やかな刺繍だ。黒い布地にいろんな糸で刺繍されたもの。日本のエスニックショップなどでよく売られているものも多い。

ムラブリの物質文化は乏しい。バッグがあるが、素朴な色味と風合いだ。民族衣装もなく、ふんどし一丁。「これがムラブリです！」と視覚的に示せるものが、極端に少ないのだ。

では、ムラブリは、なにをもって自身をムラブリとしているのか。それは「自由」だ。若いムラブリは声を揃えて、「ムラブリは自由が好きだ、強制されることが嫌いだ」と言う。

おそらく、ムラブリの自由を求める部分が、現代の日本でムラブリがウケている理由なのだろう。みんな息苦しいのだ。ぼくがムラブリに惹かれて、ムラブリみたいに生きたいと思えたのも、彼らがとても自由に見えたからではないか。そう考えると、納得する。

自由と言うと、なにをしてもいいし、なにが起こってもおかしくないように感じる。しかし、そういうムラブリの自由が、ある種決められていたかのように、運命づけられていたかのように、いま注目されたりしている。

ぼくがムラブリ語を学ぶことになったのも、映画を撮ることになったのも、大学教員を辞めたのも、すべて偶然性や自由の方からの働きかけがあって起きたことだ。この本で書いてあることは、隅から隅まで本当に偶然で成り立っているのだ。

偶然だから、ぼくが自覚して選んだことではもちろんない。しかし、そこにぼくの自由が潜んでいるように感じている。

ぼくはこの本を書くことで、もっと自由になりたいと願っていること、みんなももっと自由になれるんじゃないかと感じているらしいことに気づけた。ムラブリはぼくにとって自由に向かう道中の伴走者だ。この心強い自由からの使者を、ぼくだけの伴走につきあわせるのはもったいない！　そう感じていたからこそ、この本を書きあげることができたのだと思う。

この本から、あなたの心に小さなムラブリが芽生えることを祈っている。

おわりに

2020年1月を最後に、コロナ禍でムラブリを訪問できずにいたぼくは、この本の「おわりに」を書くために、3年ぶりに村を訪れる予定だった。けれど、2週間前に行くのをキャンセルしてしまった。

航空券も予約していたし、共同研究者と会う約束もしていた。それでも、やめた。ぼくがいまやりたいことは、ムラブリに会いに行くことではないと気づいたからだ。

コロナ禍のはじまった頃に独立研究者となったぼくは、ムラブリの研究を続けつつも、「言語とはなにか?」という本質的な問いに向かっていった。その問いを自身の経験から探究するため、武術の稽古をし、詩を書き、短歌を詠み、そして踊るようにもなった。それにしたがい、以前は研究関連の収入に頼っていたが、ワークショップなどで収入を得られるようにもなった。居住地は富山での定住から、車中泊生活を経て、関東や関西を含む多拠点になり、いまでは実家の山が主要な拠点だ。これらの変化はすべて、ぼくにとってはまぎれもない研究の一部だ。その実践を支えているのは、これまでのムラブリ語研究で養ったムラブリの身体性だった。

ぼくはムラブリを研究することからはじめた。いつしか、ムラブリとともに研究するようになった。そしていま、「ムラブリ」として研究することに挑戦している。

もちろん、ぼくはムラブリではない。しかし、ムラブリ語を学んで獲得した身体性なしに、いまのぼくはありえない。その意味で、ぼくは「ムラブリ」だ。そして、ぼくが「ムラブリ」として現代日本に生きることが、ぼくなりのムラブリ研究であり、また同時にその成果だと思っている。

「ムラブリ」として生きることで、ぼくの周囲は驚くべき速さで変化した。この本を書きはじめてからは、それがさらに加速して、ぼくにはさまざまな別れが訪れた。「グルア　ヒク　シエ（物がとても多いね）」と、ムラブリに言われているようだった。ぼくは孤独になり、自由になった。

すると、いままでぼくを突き動かしていた「負の走〝嫌〟性」が反転をはじめた。なぜぼくは専門を、就職を、所有やお金を嫌ったのか、そこにぼくがぼくである理由が潜んでいることに気づいたのだ。「正の走〝嫌〟性」が動き出した。

専門性が嫌なのではなく、それが生む権威が気にいらない。働くことが苦手なのではなく、強制されることが身体に合わない。所有やお金を避けたのは、そこに絡む社会の仕組みや税金に、ぼくやぼくの友人たちが苦しめられているからだ。もううんざりだ。ぼくは、ぼくたちは、もっと自由に、楽しく、自分らしく、生きられるはずだ。

ぼくは実家に山がある。母から相続する予定の山だ（所有を嫌がっておいてなんだが）。その山で、いまぼくは「自活器（self-livingry）」の開発を行っている。

ぼくはムラブリにはなれない。しかし、「ムラブリ」のテクノロジー化、つまり自活器の実現は目指すことができる。自分で家を建て、食を担い、エネルギーをつくる。それが達成されれば、人は本当にやりたいことに邁進するはずだ。ぼくもそうなりたい。そういう人たちと共に生きたい。それが、ぼくなりの「ムラブリ」研究であり、恩返しだ。

自活器の開発は、ぼくだけでは達成できない。ドームの骨組みはあるが、まだそれだけだ。だから、どうかみなさん、力を貸してください。どんなことでも構いません。時代がムラブリを求めたのは、ぼくと同じ息苦しさを抱える人が多いからだと思います。少しでも共感する部分があれば、連絡をください。みなさんと「ムラブリ」として研究できるのを、心待ちにしています。

この本の執筆にあたって、編集者の矢作奎太さんには、ぼくの「ムラアリ」な執筆を適切に軌道修正していただいた。また、ぼくの研究をクラウドファンディングで支援してくださった方々、とくに伊豫田旭彦さん、加藤義清さん、執筆の際に話を聞いてくださった副嶋志保さんの応援なしには、ここまで研究を進め、本を書き上げることはできなかった。記して感謝申し上げる。そして、何の気なしに、ぼくのぼくらしさを呼び寄せてくれたムラブリのみんなへ。オォレェマトゥー！（また行きます！）

2020年1月4日　正午

今日は長期調査から戻る日だ。

みんなはいつも通り忙しそうだ。そんなみんなをわざわざ引き留めて、「これからぼくは行くよ」と伝える気にはなれない。

いつの頃からか、ぼくが村に来ると「メェ アワール（おまえ帰ったか）」と言われるようになった。「シー、アワール（うん、帰ったよ）」とだけぼくは返事する。その度にジーンとする。目立たないやりとりだけど、なぜだか誇らしい。

だから、村を出るときは、いつもと同じように、村を後にする。村の入り口の急な坂をゆっくり降りて、赤のジムニーのギアを入れ直し、山道を走り街へ向かう。

山道の途中、作業をしているムラブリやフモンの人がいて、手を振ったり、顎で挨拶したりする。だんだんと道路が綺麗になり、洗剤や香辛料の香りがしてくると、街に降りたと感じる。

街に降りると、シュミレーションがはじまる。

（えーっと、街でラーメン食べて、空港でメールチェックして、データを整理して、今回のデータはあの論文に使えそう、あ、その前にまず出張の事務処理をして……）

「あ」

片手で運転しながら、もう片手で助手席のリュックを開け、ひっくり返す。やはり、ない。小物入れのハンドバッグを忘れたようだ。

村までここから1時間。まだ取りに戻っても飛行機に間に合うが、ラーメン屋に行く余裕はなくなるだろう。悩みどころだ。

「……まあ、いっか、また行くし」

パスポートはある。帰国するのに困らないだけの現金もある。そしてなによりぼくは生きているわけで、だからなにも問題はない。とにかくラーメンが食べたい。ひさしぶりのラーメンだ。あそこのラーメンは骨付き肉が入っていて、うまいのだ。

「やっぱり先にラーメン屋行こ」

緩めていたアクセルを踏みなおす。ナーンの街は今日も暑い。ビールが最高に美味しいだろう。

参考文献

・エヴェレット、ダニエル・L『ピダハン 「言語本能」を超える文化と世界観』屋代通子 訳、みすず書房、２０１２年
・グライス、ポール『論理と会話』清塚邦彦 訳、勁草書房、１９９８年
・サピア、E.&B.L.ウォーフ他『文化人類学と言語学』池上嘉彦 訳、弘文堂、１９９５年
・スコット、ジェームズ・C『ゾミア 脱国家の世界史』佐藤仁 監訳、池田一人ほか 共訳、みすず書房、２０１３年
・ビッカートン、デレック『言語のルーツ』筧寿雄 西光義弘 和井田紀子 訳、大修館書店、１９８５年
・フラー、バックミンスター＆梶川泰司『宇宙エコロジー バックミンスター・フラーの直観と美』美術出版社、２００４年
・ベイトソン、グレゴリー『精神の生態学』佐藤良明 訳、新思索社、２０００年
・ユクスキュル、クリサート『生物から見た世界』日高敏隆 羽田節子 訳、岩波文庫、２００５年

・Bernatzik, H. A.（1951）. *The Spirits of the Yellow Leaves*. Robert Hale ltd.
・Dzokoto, V. A., & Okazaki, S.（2006）. Happiness in the eye and the heart: somatic referencing in West African emotion lexica. in *Journal of black psychology* ,32（2）, pp.17-140. SAGE Publications.
・Oota, H., Pakendorf, B., Weiss, G., Von Haeseler, A., Pookajorn, S., Settheetham-Ishida, W., Tiwawech, D., Tiwawech, D., Ishida, T., Stoneking, M.（2005）. Recent origin and cultural reversion of a hunter-gatherer group. *PLoS Biology* 3（3）: e71.
・Russell, J. A., & Ridgeway, D.（1983）. Dimensions underlying children's emotion concepts. in *Developmental Psychology*, 19（6）, pp.795-804. American Psychological Association.
・Smith, S. T., & Smith, K. D.（1995）. Turkish emotion concepts. in *Everyday Conceptions of Emotion* , pp. 103-119. Springer.
・Winawer, J., Witthoft, N., Frank, M. C., Wu, L., Wade, A. R., & Boroditsky, L.（2007）. Russian blues reveal effects of language on color discrimination. *Proceedings of the national academy of sciences*, 104（19）, pp.7780-85.
・Wnuk, Ewelina, & Ito, Y.（2021）. The heart's downward path to happiness: cross-cultural diversity in spatial metaphors of affect. in *Cognitive Linguistics*, 32（2）, pp.195-218. De Gruyter Mouton.

伊藤雄馬　Yuma Ito

言語学者、横浜市立大学客員研究員。

1986年、島根県生まれ。2010年、富山大学人文学部卒業。2016年、京都大学大学院文学研究科研究指導認定退学。日本学術振興会特別研究員（PD）、富山国際大学現代社会学部講師、東京外国語大学アジア・アフリカ言語文化研究所共同研究員などを経て、2020年より独立研究に入る。

学部生時代からタイ・ラオスを中心に言語文化を調査研究している。ムラブリ語が母語の次に得意。

2022年公開のドキュメンタリー映画『森のムラブリ』（監督：金子遊）に出演し、現地コーディネーター、字幕翻訳を担当。本作が初の著書。

ムラブリ
文字《もじ》も暦《こよみ》も持《も》たない狩猟採集民《しゅりょうさいしゅうみん》から言語学者《げんごがくしゃ》が教《おそ》わったこと

2023年2月28日　第1刷発行

著者　伊藤雄馬《いとうゆうま》
発行者　岩瀬 朗
発行所　株式会社 集英社インターナショナル
〒101-0064 東京都千代田区神田猿楽町1-5-18
電話　03-5211-2632
発売所　株式会社 集英社
〒101-8050　東京都千代田区一ツ橋2-5-10
電話　03-3230-6080（読者係）
03-3230-6393（販売部）書店専用
印刷所　凸版印刷株式会社
製本所　加藤製本株式会社

ISBN978-4-7976-7425-5 C0095